나이스 육효 六爻 下

맹기옥(孟起玉) 著

祥元文化社

제4부 ... 각점론

제4부

각전물론

구재점 · 재수점

- 재물 금전은 용신이 재효이다.
- 재가 왕하고 원신인 손이 길하면 좋다.

- 구재점에서 관은 재를 설기시키고 형은 재를 파괴한다.
- 구재점에서 부는 재원(財源)인 손을 파괴시킨다.

- 구재점은 돈(財)이 용신이고, 손이 재원(財源)이니 원신이 된다.
- 구재점에서는 응효가 왕하고 생세 또는 세효와 합하면 좋다.
- 응효가 왕하다는 것은 상대방이 능력이 있다는 것이다.

- 재물점에서는 형이 교중한 것을 꺼리지만
  손이 있고 재가 은복되면 재물을 구할 수 있다.

- 재가 일진이나 월령에서 생부되고 왕상하면 길하지만,
  극해되거나 휴수되면 흉하다.

- 재가 세효에 있고 왕하여 동하면 모든 사업이 순조롭다.
- 재만 있고 원신인 손이 없으면 재물을 구하기 힘들다.

- 형은 재를 극하는 기신이고 부는 손을 극하는 구신이다.
  그래서 형과 부가 생왕하거나 지세하거나 동하면 재를 구하기 어렵다.

- 재와 손이 모두 은복되면 당분간 재물을 얻기가 힘들다.
- 일진이 재를 충하면 길하다.

- 재가 지세하거나 재가 세효를 생합하거나
  재가 세효를 극하면 재수가 크게 길하다.
  그러나 재와 세효의 생극관계가 없으면 재물과 인연이 없다.

- 부와 형이 모두 동하면 재물을 구하기 힘들다.

- 재가 왕해도 일진의 극을 받으면 좋지 않고,
  일진과 생합하는 날 재를 득한다.

- 재가 중첩되거나 태과하면 오히려 좋지 않다.
  이때는 재성의 묘고가 지세하면 좋다.

- 재가 유기해도 형이 교중되면 재물 소모가 많고,
  형제자매가 나에게 금전적 손해를 입힌다.

- 재가 일진에게 극파를 당하면 월에서 도움을 받아도 재물을 쉽게 얻지
  못한다.

- 재가 괘 중에 없고 은복되어 있으면 형이 동해도 재물을 얻는데 어려움
  이 없다.
- 형이 동하면 노출된 재는 직접 극하지만 은복된 재는 극하지 못하기
  때문이다.
  이때 손이 있으면 은복된 재를 생하게 된다.

- 형이 있어도 관이 동하여 형을 제압하면 재물을 구한다.
- 일진이 형을 극할 때도 마찬가지이다.

- 형이 관에 극을 당할 때 손이 있으면
  관이 형을 극하지 못해 재를 얻기 힘들다.

- 돈을 빌릴 때는 응효가 공망이 되면 희망이 없다.
- 도박에서는 세효는 왕하고 응효는 쇠하면 좋다.

- 재가 동하여 절(絶)이 되면 생왕하는 날에 재를 득한다.
- 세효와 응효가 모두 재가 되면 유리하지만 형이 동하면 불길하다.

- 세효와 응효가 비화되어 왕상하고 공망이나 파가 없으면 재수가 좋다.
- 세효와 응효가 합이 되어도 공망을 만나면 사업은 잘 안 된다.

- 재와 신(身)이 왕상하는 날 돈이나 재물이 생긴다.
- 재가 동하여 관으로 화(化)하면 흉하다.

- 관이 동하여 재로 화(化)하면
  일진이 화(化)한 재를 생해주는 날 재가 생긴다.

- 재물이 동하여 관 또는 형으로 화(化)하면 손해가 막심하다.
- 재가 세효와 생합하면 재물이 꾸준하다.

- 형이 태과할 때 손이 동해야 재를 극하지 않는다.
- 동하지 않으면 소용없다.

- 재가 신(身)에 임하여 왕하면 재물 얻기가 순조롭다.
- 형이 지세하고 동하면 재를 구하기가 어렵다.

- 삼합 재국(財局)을 이루면 득재하지만, 응효가 공망이면 힘들다.
- 응효가 공망이 되면 꾸어준 돈을 받지 못한다.

- 월령이 재효일 때는 재가 은복되었어도
  일진이 재신이 되는 날 재물을 성취한다.

즉, 월일이 재신이 되면 재가 은복되어도 재를 구하는 일이 가능하다.

● 삼합되어 손국(孫局)을 이루면 득재하지만
  세효와 응효가 같이 공망이 되면 재를 얻기 힘들다.

● 재가 비록 왕해도 일진이 재를 극하면 득재는 안 되지만
  극하는 일월을 지나 왕상한 일진이나 월령에 재를 득한다.

● 재가 많이 나타나면 득재하기 어렵다.
  이때는 재의 묘고가 지세해야 가능하다.

● 재가 공망이 되면 노력하더라도 보람이 없다.
● 세효와 응효가 모두 재로 되어 있으면 재에는 유리하지만 형이 동하면
  탈재한다.

● 부와 형이 동하면 아무리 노력해도 재와는 거리가 멀다.

● 형에 신(身)이 있으면 모든 일이 여의치 않다.
● 손이 동하여 재로 변하면 많은 이익이 있다.

● 재가 동하여 관으로 변하거나
  공망이 되거나 파절이 되면 들어온 재 모두 나간다.

- 응효가 동하여 재로 변하고 세효와 응효가 생합을 이루면 재물이 풍족하다.
- 일진과 세효와 응효가 삼합되어도 재수가 좋다.

- 재가 공망이 되면 불리하지만
  일진이 공망을 충하여 출공시키면 재물을 득한다.

- 재가 동하고 일파〔암동〕나 월파를 만나면
  충을 멈추는 일진과 합을 이루는 날 길하다.

- 재가 합을 만나면 재물 구하는 일이 더디다.
- 합이 되면 충하는 날 성취한다.

- 도박에서 세효가 응효를 극하면 내가 유리하고,
  응효가 세효를 극하면 내가 손해 본다.

- 재가 동효와 상합하면 득재하지만
  재와 손이 모두 나타나지 않으면 득재는 어렵다.

- 재가 일진이나 월령에서 생을 받아 왕해지면 득재하지만
  응효가 공망이 되면 득재하지 못한다.

- 청룡이 재와 손에 임하여 왕상하면 재수가 대통하다.

- 구재점에서는 재가 왕하고 손이 공상(空傷)되지 않아야 한다.

- 재가 지세하거나 재가 세효를 극하면 장사하여 이익을 본다.
- 재와 손이 삼합을 이루면 들어오는 재물이 배가 된다.

- 관이 동하여 생합하거나 세효와 합해도 재를 득한다.
  그러나 형이 세효를 극하면 재를 구하기는 어렵다.

- 재가 세효를 극하면 득재하지만 세효가 재를 극하면 성사되지 못한다.
- 재가 세효를 생하면 득재하지만 형이 동하여 재를 극하면 손재한다.

- 형이 많아도 손이 동하면 형이 재를 극하지 않는다.
  그러나 손이 동하지 않으면 재가 파극당하니 흉하다.

- 재와 손이 생왕하거나 동하면 돈을 구하는데 길하다.
- 형이 있으면 재를 직접 취하지 못하고 수익을 나누어야 한다.

- 손이 동하여 세효를 생하면 득재하지만
  손과 형이 같이 동하면 손재나 구설이 있다.

- 형과 부가 같이 동하면 손재하고 신고(辛苦)하다.
- 형과 부가 유기하면 재수가 막힌다.

- 재가 동하여 세효와 합하면 재수가 좋다.
- 재가 손으로 화(化)하거나 손이 재로 화(化)하면 재수가 대통하다.

- 재와 손이 극을 받아 상(傷)하거나 묘절이 되면
  구재나 매매 모두 불길하다.

- 재가 동하여 손으로 변하면 득재하고 재수가 있다.
- 재가 동하여 형으로 변하면 손재한다.

- 재가 지세하면 득재하지만 형이 지세하면 힘들다.
- 재가 세효와 합하면 득재하지만 세효가 공망이면 득재는 어렵다.

- 손은 은복되고 재가 무기하고 형이 있을 때
  관이 동하여 형을 극하면 구재한다.

- 관이 지세하고 재가 상생하면 구재하지만
  공망이 되면 재를 구하지 못한다.

- 관이 지세하고 재가 상생하면 구재하지만 공망이 되면 안 된다.
- 동업(同業)을 할 때는 형이 해(害)가 안 된다.

- 구재점에 관이 동하면 불리하지만 관의 재를 구하는 데는 길하다.
- 또 관이 생왕하여 세효와 합하면 길하다.
  그러나 관이 세효를 극하면 반드시 화(禍)가 생긴다.

- 재가 동하여 관으로 변하면 관재나 구설수가 있다.
- 재가 동하여 형으로 변하면 손재수가 있다.

- 일진과 세효와 응효가 삼합 재국(財局)을 만들면 재수가 대통한다.
- 형이 세효에 있고 재가 동하면 재를 구하려고 애쓰지만 구재하지 못한다.

- 손이 동하여 재로 변하면 득재하고 재수가 있다.
  그러나 재가 동하여 관으로 변하면 돈이 나가고 재앙이 있다.

	수풍정 ⇐		화풍정		이화(離火)궁	
현무	官子	‖	兄巳	✗	身	
백호	孫戌	I	孫未	✗	應	辰월
등사	財申	‖	財酉	✗		乙未일
구진		I	財酉	I	命	공망 辰巳
주작		I	官亥	I	世	
청룡		‖	孫丑	‖	父卯	

영업이 잘 될까?

- 개업 가게는 돈을 벌어야 하므로 재가 용신이다.
- 4효에서 동한 酉金이 퇴신이 되니 불길하다.
- 퇴신은 모든 노력이 수포로 돌아간다는 의미이다.
- 용신 酉金은 월일에서 생을 받고 있으나 辰土는 공망이다.
- 5효가 동하여 용신을 생하고, 상효는 동하여 용신을 극한다.

- 그러나 일과 충으로 암동하는 초효의 丑土와 巳酉丑 삼합이 되어 용신이 왕하다.
- 현재 巳火가 공망이니 출공이 되는 巳월부터 좋아질 것이다.

			화택규 ⇐ 화수미제		이화(離火)궁		
구진		l	兄巳	l	應		
주작		ll	孫未	ll			巳월
청룡		l	財酉	l	命		己酉일
현무		ll	兄午	ll	世	官亥	공망 寅卯
백호		l	孫辰	l			
등사	兄巳	l	父寅	X	身		

재수점이다

- 재수는 재가 용신이니 4효에 酉金이 용신이다.
- 형이 지세하고 부가 동하는 것은 재수점에 좋지 않다.
- 초효 부가 동하여 형을 생하면 형이 재를 극하게 된다.
- 다행히 寅이 공망이어서 현재 형을 생하지는 않고 있다.
- 또 일에서 비화되니 현재는 손재가 없다.

			풍택중부 ⇐ 손위풍		손목(巽木)궁	
청룡		l	兄卯	l	世	
현무		l	孫巳	l		卯월
백호		ll	財未	ll	身	丁酉일
등사	財丑	ll	官酉	X	應	공망 辰巳
구진		l	父亥	l		
주작	孫巳	l	財丑	X	命	

거래처에서 오늘 입금될까?

- 입금은 돈에 관한 것이니 초효에서 동한 丑土가 용신이다.

- 丑土가 동하여 巳酉丑으로 금국이 형성되니 용신이 휴수된다.

- 응효 거래처는 월에서 암동하고 금국으로 왕하니 상대가 입금할 것이다.

- 용신과 응효가 삼합이 되어 일이 잘 풀린 것이다.

			태위택 ⇐ 진위뢰		진목(震木)궁		
현무		‖	財戌	‖	世		
백호	官酉	Ⅰ	官申	✗	身		辰월
등사		Ⅰ	孫午	Ⅰ			甲申일
구진		‖	財辰	‖	應		공망 午未
주작	兄卯	Ⅰ	兄寅	✗	命		
청룡		Ⅰ	父子	Ⅰ			

재수점이다

- 재수점은 재가 용신이니 충을 당한 상효의 戌이 용신이다.

- 월에서는 비화되고 일에서는 설기되고 있다.

- 월에서 도움을 받고 일에서 설기되니 크게 나쁘지는 않다.

- 2효와 5효가 동하고 있다.

- 2효 형이 동하면 재를 극하니 재수점은 좋지 않다.

- 다행히 5효 관이 동하여 형을 극하니 2효의 형은 크게 재를 극하지 못한다.

- 관이 무력해지는 火운이 오면 형이 동하여 재를 극할 수 있다.

- 현재 4효의 손은 공망이고 동하지도 않아 관에게 영향을 미치지 못한다.

	수뢰둔 ⇐		풍천소축	손목(巽木)궁		
구진	父子	‖	兄卯	✗		
주작		｜	孫巳	｜		亥월
청룡		‖	財未	‖	命 應	己酉일
현무	財辰	‖	財辰	✗	官酉	공망 寅卯
백호	兄寅	‖	兄寅	✗		
등사		｜	父子	｜	世 身	

부도를 막을 수 있나?

- 부도는 돈에 관한 것이니 3효에서 동한 재가 용신이다.
- 3효에서 동한 辰土가 용신인데 동하여 복음이 된다.
- 복음은 모든 노력이 헛수고가 됨을 의미한다.
- 3효 辰土는 월일에서 휴수되고 2효 동효에게 극을 당하고 있다.
- 상효도 동하여 회두생되며 용신을 극하니 부도를 막을 수 없다.

	천산둔 ⇐		천지비	건금(乾金)궁		
청룡		｜	父戌	｜	應	
현무		｜	兄申	｜		寅월
백호		｜	官午	｜	身	丙申일
등사	兄申	｜	財卯	✗	世	공망 辰巳
구진		‖	官巳	‖		
주작		‖	父未	‖	命	孫子

재수점이다

- 3효에서 동한 卯木이 용신이다.
- 용신은 월에서 힘을 받으나 일에서 극을 당한다.
- 용신은 동하여 회두극이 되고 있다.

- 유리한 점보다 불리한 점이 많다.
- 용신을 극하는 申酉월이나 申酉일을 조심해야 한다.

			산지박 ⇐ 산화비		간토(艮土)궁		
주작		|	官寅	|			
청룡		||	財子	||			申월
현무		||	兄戌	||	身 應		戊子일
백호	官卯	||	財亥	✗		孫申	공망 午未
등사		||	兄丑	||		父午	
구진	兄未	||	官卯	✗	命 世		

재수점

- 재수는 재가 용신이다.
- 3효에서 동한 재가 월일에서 생부를 받고 있다.
- 3효의 재가 동해 세효를 생하고 관으로 변하니 하는 일도 잘 된다.
- 앞으로 좋은 일이 있을 것이다.

			감위수 ⇐ 택수곤		태금(兌金)궁	
현무		||	父未	||	命	
백호		|	兄酉	|		申월
등사	兄申	||	孫亥	✗	應	甲辰일
구진		||	官午	||	身	공망 寅卯
주작		|	父辰	|		
청룡		||	財寅	||	世	

재수점

- 초효에 있는 재 寅木이 용신이다.

- 재는 월에게 월파당하고 있고 일에서 휴수된다.
- 그러나 용신 寅木은 현재 공망이니 타격이 없다.
- 4효가 동해 회두생되면서 용신을 생하고 있다.
- 동효는 좋은 결과를 암시하지만 현재 월일의 환경이 좋지 않다.
- 亥子월이 되면 월파에서 벗어나고 있는 용신 寅木이 생을 받으니 좋은 일이 있을 것이다.

		지수사	⇐ 지천태		곤토(坤土)궁		
등사		||	孫酉	||	應		
구진		||	財亥	||	身		亥월
주작		||	兄丑	||			庚子일
청룡	父午	||	兄辰	✗	世		공망 辰巳
현무		|	官寅	|	命	父巳	
백호	官寅	||	財子	✗			

재수점

- 재수점은 재가 용신이니 동하고 있는 초효의 子水가 용신이다.
- 용신이 월일에서 비화되니 좋은 환경이 조성된다.
- 3효에 있는 세효가 동하여 회두생이 된다.
- 지세한 형이 힘을 받으니 재를 극하여 재가 생각보다는 적다.

			풍지관 ← 수지비		곤토(坤土)궁		
주작	官卯	I	財子	X	應		
청룡		I	兄戌	I			亥월
현무		II	孫申	II	身		戊子일
백호		II	官卯	II	世		공망 午未
등사		II	父巳	II			
구진		II	兄未	II	命		

재수점이다

- 용신은 상효에 있는 子水이다.
- 용신 子水가 월일에서 水를 만나 힘이 있다.
- 용신 재가 동하여 세효를 생하고 있다.
- 재에 대한 부정적인 요소가 없다.
- 재수가 좋다.

			화지진 ← 천지비		건금(乾金)궁		
주작		I	父戌	I	應		
청룡	父未	II	兄申	X			戌월
현무		I	官午	I	身		戊辰일
백호		II	財卯	II	世		공망 戌亥
등사		II	官巳	II			
구진		II	父未	II	命	孫子	

재수점

- 3효에 卯木 재가 용신이다.
- 재가 월일에서 휴수되고 있다.
- 戌은 현재 공망이다.

- 현재 형이 동해 회두생되어 형이 강하다.
- 형이 강하면 재를 극하니 재를 득하는 일은 부정적이다.
- 손재하지 않도록 주의한다.

	천산둔 ⇐ 천지비		건금(乾金)궁				
주작		I	父戌	I	應		
청룡		I	兄申	I			未월
현무		I	官午	I	身		戊戌일
백호	兄申	I	財卯	X	世		공망 辰巳
등사		II	官巳	II			
구진		II	父未	II	命	孫子	

재수점

- 재수점은 재가 용신이다.
- 3효에 있는 재가 지세하면서 동하고 있다.
- 용신 卯木은 월일에서 휴수되고 있다.
- 용신은 변효에게 회두극되고 있다.
- 원신은 복신으로 있어 힘이 되지 못한다.
- 재수는 기대하지 못한다.

			풍천소축 ← 손위풍		손목(巽木)궁		
등사		I	兄卯	I	世		
구진		I	孫巳	I			丑월
주작		‖	財未	‖	身		辛巳일
청룡		I	官酉	I	應		공망 申酉
현무		I	父亥	I			
백호	父子	I	財丑	✗	命		

재수점

- 재수에 관한 점이니 동하고 있는 초효의 丑土가 용신이다.

- 초효는 집안의 재물이고, 4효는 집 밖의 재물이다.

- 동하고 있는 丑土는 동하여 변효와 丑土합이 되어 묶인다.

- 용신은 월일에서 생부되고 있다.

- 형이 지세하여 재물을 거부하고 있다.

			천수송 ← 택수곤		태금(兑金)궁		
주작	父戌	I	父未	✗	命		
청룡		I	兄酉	I			酉월
현무		I	孫亥	I	應		戊申일
백호		‖	官午	‖	身		공망 寅卯
등사		I	父辰	I			
구진		‖	財寅	‖	世		

사업운

- 사업운은 돈을 말하니 용신은 초효인 寅木이다.

- 寅木이 지세하니 기본적인 돈은 있다.

- 용신은 월에게 극을 당하고 일에게 충을 맞고 있다.

- 초효인 용신 寅은 현재 공망이다.

- 동효는 상효 未土인데 동하여 다시 부가 된다.

- 부효는 재와 반대편에 있다.

- 재를 얻기가 힘들다.

			천수송 ⇐ 택수곤		태금(兌金)궁		
청룡	父戌	I	父未	X	命		
현무		I	兄酉	I			巳월
백호		I	孫亥	I	應		丁未일
등사		II	官午	II	身		공망 寅卯
구진		I	父辰	I			
주작		II	財寅	II	世		

재수점

- 재수는 재가 용신이니 초효에 寅木이 용신이다.

- 寅木은 현재 공망이고 월일에서 휴수되고 있다.

- 상효 부가 동하여 진신이 되어 원신인 亥水를 극한다.

- 재수를 논할 때가 아니다.

			화풍정 ⇐ 뢰풍항		진목(辰木)궁		
주작	孫巳	I	財戌	X	應		
청룡		II	官申	II			卯월
현무		I	孫午	I	身		戊戌일
백호		I	官酉	I	世		공망 辰巳
등사		I	父亥	I		兄寅	
구진		II	財丑	II	命		

재수점

- 재수점은 재가 용신인데 상효에서 동한 戌土가 용신이다.
- 상효의 재가 동하여 회두생을 받는 것처럼 보이지만 巳火는 공망이다.
- 또 상효의 용신은 월에서 극을 당하고 있다.
- 용신은 일에서는 비화되고 있다.
- 공망에서 벗어나는 巳일에 좋아질 것이다.

	산천대축 ⇐	풍천소축	손목(巽木)궁		
청룡		┃	兄卯	┃		
현무	父子	┃┃	孫巳	✗		子월
백호		┃┃	財未	┃┃	命 應	丙申일
등사		┃	財辰	┃	官酉	공망 辰巳
구진		┃	兄寅	┃		
주작		┃	父子	┃	身 世	

재수점이다

- 재는 3효와 4효에 있는데 공망이 된 3효의 辰土가 용신이다.
- 재수점은 용신이 세효를 극하면 성취가 빠르다.
- 현재 세효에는 부가 있으니 재와는 거리가 있다.
- 용신 재는 월일에서 휴수되고 있다.
- 동효는 5효에 있는데 회두극되고 있어 용신을 생하지 못한다.
- 또 3효에 있는 용신과 5효의 동효는 현재 공망이다.
- 일이 2효 형을 충하여 암동하여 용신을 극하니 재와는 거리가 멀다.

			수뢰둔 ← 수택절	감수(坎水)궁		
백호		‖	兄子	‖	身	
등사		❘	官戌	❘		寅월
구진		‖	父申	‖	應	癸卯일
주작		‖	官丑	‖	命	공망 辰巳
청룡	孫寅	‖	孫卯	✗		
현무		❘	財巳	❘	世	

재수점

- 재수는 재가 용신이니 초효의 巳火이다.
- 용신은 현재 공망이다.
- 용신은 월일에서 생을 받고 있다.
- 원신인 2효 卯木은 동하여 퇴신이 되었다.
- 용신이 출공하는 巳일 재수가 있을 것이다.

			화지진 ← 천지비	건금(乾金)궁		
주작		❘	父戌	❘	應	
청룡	父未	‖	兄申	✗		戌월
현무		❘	官午	❘	身	戊辰일
백호		‖	財卯	‖	世	공망 戌亥
등사		‖	官巳	‖		
구진		‖	父未	‖	命 孫子	

재수점

- 재수는 재가 용신이니 3효의 卯木이다.
- 용신 卯木은 월일에서 휴수되었다.
- 5효가 동하여 회두생되어 힘 있게 용신을 극한다.

- 손재를 당하지 않도록 조심한다.

			← 지천태	곤토(坤土)궁			
청룡			孫酉	‖	應		
현무			財亥	‖	身		未월
백호			兄丑	‖			丙辰일
등사			兄辰	l	世		공망 子丑
구진			官寅	l	命	父巳	
주작			財子	l			

재수점

- 상괘와 하괘가 합인 육합괘인데 동효가 없다.

- 재수점은 재가 용신이다.

- 공망이 된 초효의 子水가 용신이다.

- 용신이 월일에게 극을 당하고 있다.

- 세효에 형이 있어 재를 극하니 재를 득하기 힘들다.

- 형이 동하는 土의 글자가 오면 더욱 힘들 것이다.

			← 천지비	건금(乾金)궁			
청룡			父戌	l	應		
현무			兄申	l			午월
백호			官午	l	身		丁未일
등사			財卯	‖	世		공망 寅卯
구진			官巳	‖			
주작			父未	‖	命	孫子	

재수점

- 재수점의 용신은 재이니 3효의 卯木이 용신이다.

- 동효가 없다.

- 卯木은 지세했으나 현재 공망이다.

- 재가 지세한다는 것은 재와 인연이 있다는 의미이다.

- 용신은 월일에서 휴수되고 있다.

- 원신은 복신으로 존재하니 도움이 안 된다.

- 재를 얻기가 힘들다.

				화풍정 ⇐ 택풍대과		진목(震木)궁		
현무	孫巳	Ⅰ	財未	Ⅹ	身		
백호	財未	Ⅱ	官酉	Ⅹ			申월
등사		Ⅰ	父亥	Ⅰ	世	孫午	乙未일
구진		Ⅰ	官酉	Ⅰ	命		공망 辰巳
주작		Ⅰ	父亥	Ⅰ			
청룡		Ⅱ	財丑	Ⅱ	應		

재수점

- 용신은 재이니 상효의 未土이다.

- 초효에도 재가 있으나 동하거나 형충되는 효가 용신이다.

- 용신이 동하여 회두생되지만 현재 巳火는 공망이다.

- 용신은 일에서 비화되고, 월에서는 설기되고 있다.

- 5효도 동하여 회두생되어 용신을 설기한다.

- 巳일이 되면 출공하여 회두생되니 좋은 소식이 있을 것이다.

			수산건 ⇐ 풍화가인	손목(巽木)궁			
청룡	父子	∥	兄卯	✗			
현무		Ⅰ	孫巳	Ⅰ	命 應		寅월
백호		∥	財未	∥			丙寅일
등사		Ⅰ	父亥	Ⅰ		官酉	공망 戌亥
구진		∥	財丑	∥	身 世		
주작	財辰	∥	兄卯	✗			

재수점

- 재수는 재가 용신이니 2효에 있는 丑土가 용신이다.

- 재가 세효에 있다는 것은 재와 인연이 있다는 뜻이다.

- 용신 丑土는 월일에게 극을 당한다.

- 초효와 상효의 卯木이 동하여 용신을 극한다.

- 재수를 논하기 전에 파산이 걱정된다.

			감위수 ⇐ 택수곤	태금(兌金)궁			
현무		∥	父未	∥	命		
백호		Ⅰ	兄酉	Ⅰ			亥월
등사	兄申	∥	孫亥	✗	應		乙丑일
구진		∥	官午	∥	身		공망 戌亥
주작		Ⅰ	父辰	Ⅰ			
청룡		∥	財寅	∥	世		

재수점

- 재수는 재가 용신이니 초효의 寅木이다.

- 재가 세효에 있으니 재와 인연이 있다.

- 용신 寅木은 월과 寅亥합이 된다.

- 4효가 동하여 회두생되면서 용신을 생한다.
- 재와 인연이 있다.

			수택절 ⟸ 택수곤		태금(兌金)궁		
현무		‖	父未	‖	命		
백호		❘	兄酉	❘			申월
등사	兄申	‖	孫亥	✗	應		甲寅일
구진		‖	官午	‖	身		공망 子丑
주작		❘	父辰	❘			
청룡	官巳	❘	財寅	✗	世		

재수점

- 재수점은 재가 용신이니 초효에 있는 寅木이다.
- 세효에 재가 있다는 것은 재와 인연이 있다는 의미이다.
- 용신은 월파되고 있고 일에서는 비화되고 있다.
- 원신인 4효의 亥水가 동하여 회두생되며 용신을 생한다.
- 변효 申金은 월과 비화되니 힘 있게 원신을 생한다.
- 재를 취할 것이다.

			수택절 ⟸ 화수미제		이화(離火)궁		
주작	官子	‖	兄巳	✗	應		
청룡	孫戌	❘	孫未	✗			午월
현무	財申	‖	財酉	✗	命		戊寅일
백호		‖	兄午	‖	世	官亥	공망 申酉
등사		❘	孫辰	❘			
구진	兄巳	❘	父寅	✗	身		

재수점

- 동효가 4개가 있으니 난동괘이다.
- 형이 지세하니 재와는 거리가 있다.
- 용신은 재가 되니 4효의 酉金이다.
- 용신은 월일에게 휴수되고 있다.
- 동한 효도 5효를 제외하고는 모두 용신을 극하거나 휴수시킨다.
- 재의 취득을 말하기 어렵다.

			수화기제 ⇐ 풍화가인		손목(巽木)궁		
청룡	父子	‖	兄卯	✗			
현무		١	孫巳	١	命 應		戌월
백호		‖	財未	‖			丁巳일
등사		١	父亥	١		官酉	공망 子丑
구진		‖	財丑	‖	身 世		
주작		١	兄卯	١			

재수점

- 재가 용신이니 세효와 함께 있는 2효의 丑土가 용신이다.
- 용신 丑土는 일에게 생을 받고 있고 월과 비화되고 있다.
- 상효의 형이 동해 회두생되며 용신을 극한다.
- 그러나 용신과 변효가 현재 공망이라 타격은 없다.
- 丑土가 출공하는 날 손재가 있을 것이다.

			천화동인 ⇐ 건위천		건금(乾金)궁		
청룡		I	父戌	I	世		
현무		I	兄申	I	身		巳월
백호		I	官午	I			丙寅일
등사		I	父辰	I	應		공망 戌亥
구진	父丑	II	財寅	✗	命		
주작		I	孫子	I			

재수점

- 2효에서 동한 재가 용신이다.

- 용신은 월에서 휴수되고 일에서 비화되고 있다.

- 세효는 현재 부효이니 재에 부정적이지만 현재 공망이다.

- 세효가 출공하는 戌일 재수가 좋을 것이다.

		⇐ 건위천		건금(乾金)궁		
백호		I	父戌	I	世	
등사		I	兄申	I	身	酉월
구진		I	官午	I		壬申일
주작		I	父辰	I	應	공망 戌亥
청룡		I	財寅	I	命	
현무		I	孫子	I		

재수점

- 용신은 2효의 재 寅木이다.

- 동효는 없다.

- 재는 월일에게 극과 충을 당하니 손재를 조심해야 한다.

			택수곤 ⇐ 뢰수해		진목(震木)궁	
등사		‖	財戌	‖		
구진	官酉	│	官申	Ⅹ	身 應	戌월
주작		│	孫午	│		庚戌일
청룡		‖	孫午	‖		공망 寅卯
현무		│	財辰	│	命 世	
백호		‖	兄寅	‖	父子	

재수점

- 용신은 지세하고 있는 2효의 辰土이다.

- 용신이 월파와 일파를 당하니 재를 논하기 힘들다.

- 5효가 동하여 용신을 설기시키니 역시 부정적이다.

- 재를 취하기 힘들다.

			풍지관 ⇐ 수지비		곤토(坤土)궁	
구진	官卯	│	財子	Ⅹ	應	
주작		│	兄戌	│		亥월
청룡		‖	孫申	‖	身	己未일
현무		‖	官卯	‖	世	공망 子丑
백호		‖	父巳	‖		
등사		‖	兄未	‖	命	

재수점

- 용신은 상효에서 동한 재 子水이다.

- 동한 용신은 세효를 생하니 긍정적이다.

- 용신은 월에서 비화되고 일에서 극을 당하고 있다.

- 용신은 현재 공망으로 재수가 없다.

	산수몽 ⇐	화수미제		이화(離火)궁		
주작		I	兄巳	I	應		
청룡		II	孫未	II			巳월
현무	孫戌	II	財酉	✗	命		戊辰일
백호		II	兄午	II	世	官亥	공망 戌亥
등사		I	孫辰	I			
구진		II	父寅	II	身		

재수점

- 재수는 재가 용신이니 4효에 있는 酉金이다.
- 세효에 형이 있다는 것은 재를 거부한다는 의미이다.
- 酉金이 동하여 변효에게 회두생된다.
- 그러나 변효는 일에게 충을 당하고 현재 공망이니 용신을 생하지 못한다.
- 용신은 월에게 극을 당하고 일에게 생을 받는다.
- 일에게 생합을 받아도 일진은 내가 아니니 나와 무관하다.
- 나는 재수가 없다.

	산풍고 ⇐	화풍정		이화(離火)궁		
구진		I	兄巳	I	身		
주작		II	孫未	II	應		巳월
청룡	孫戌	II	財酉	✗			己未일
현무		I	財酉	I	命		공망 子丑
백호		I	官亥	I	世		
등사		II	孫丑	II		父卯	

재수점

- 재수는 재가 용신이니 동한 4효의 酉金이다.

- 酉金은 월에게 극을 당하고 일에게 생을 받는다.
- 초효와 2효는 월일에게 충을 당하여 암동한다.
- 현재 초효의 丑土는 공망이다.
- 4효의 용신 酉金이 회두생되어 힘이 있으니 재수가 있을 것이다.

			천수송 ⇐ 지수사	감수(坎水)궁		
청룡	官戌	I	父酉	X	應	
현무	父申	I	兄亥	X		酉월
백호	財午	I	官丑	X	命	丙午일
등사		II	財午	II	世	공망 寅卯
구진		I	官辰	I		
주작		II	孫寅	II	身	

재수점

- 재가 용신이니 3효의 午火이다.
- 세효에 재가 있다는 것은 재와 인연을 의미한다.
- 용신 午火는 월에서 휴수되고 일에서 비화되고 있다.
- 4효가 동하여 용신의 힘을 뺀다.
- 5효가 동하여 회두생되면서 용신을 극한다.
- 상효도 동하여 회두생되면서 용신의 힘을 뺀다.
- 원신인 초효의 寅은 현재 공망이다.
- 용신을 극하는 亥일이나 子일에 손재가 있을 것이다.

	지화명이 ⇐ 이위화		이화(離火)궁			
등사	財酉	‖	兄巳	✗	身 世	
구진		‖	孫未	‖		子월
주작	孫丑	‖	財酉	✗		庚戌일
청룡		Ⅰ	官亥	Ⅰ	命 應	공망 寅卯
현무		‖	孫丑	‖		
백호		Ⅰ	父卯	Ⅰ		

형에게 돈을 빌릴 수 있을까?

- 돈을 빌리니 용신은 재가 되고, 형에게 빌리니 형효도 참조한다.
- 용신은 4효에서 동하고 있는 酉金으로 화두생되고 있다.
- 용신은 월에서 휴수되고 일에서 생을 받고 있다.
- 상효가 동하여 용신을 극하는 것 같지만 4효의 변효와 삼합이 된다.
- 삼합이 되어 재가 되니 돈을 빌릴 수 있을 것이다.
- 형과 합이 되니 형이 도움을 준다.
- 형은 돈이 나갈 운이니 동생을 빌려주면 좋겠다.

	수지비 ⇐ 택수곤		태금(兌金)궁			
청룡		‖	父未	‖	命	
현무		Ⅰ	兄酉	Ⅰ		亥월
백호	兄申	‖	孫亥	✗	應	丁卯일
등사		‖	官午	‖	身	공망 戌亥
구진	官巳	‖	父辰	✗		
주작		‖	財寅	‖	世	

은행에서 대출 가능?

- 대출도 재를 용신으로 삼으니 초효에 있는 寅木이 용신이다.

- 재가 지세했으니 재격으로 재와 인연이 있는 사람이다.
- 용신은 월에서 생을 받고 일과 비화되니 긍정적이다.
- 2효가 동하여 용신을 약하게 하지만 4효가 동하여 회두생되며 용신을 생한다.
- 4효 亥水는 현재 공망이니 출공되는 亥일에 대출을 받을 수 있다.

구신		‖	財戌	‖	世	
주작		‖	官申	‖	身	午월
청룡	財丑	‖	孫午	✗		己卯일
현무		‖	財辰	‖	應	공망 申酉
백호	財辰	Ⅰ	兄寅	✗	命	
등사	兄寅	‖	父子	✗		

지수사 ⇐ 진위뢰　　진목(震木)궁

대출을 받을 수 있을까?
- 대출은 재가 용신이니 세효와 함께 있는 戌土가 용신이다.
- 용신은 2효가 동하고 월과 함께 寅午戌 삼합이 되고 있다.
- 동효가 변효에게 휴수되어 힘이 약한 게 흠이지만 수생목. 목생화. 화생토로 용신을 생한다.
- 은행인 관 申金이 공망이니 출공하는 申일쯤 대출을 받겠다.

		산택손 ⇐	산뢰이	손목(巽木)궁			
현무		I	兄寅	I			
백호		II	父子	II	身	孫巳	亥월
등사		II	財戌	II	世		乙巳일
구진		II	財辰	II		官酉	공망 寅卯
주작	兄卯	I	兄寅	X	命		
청룡		I	父子	I	應		

사업 전망?

- 사업은 재성이 용신이니 3효와 4효에 있다.
- 4효 재에 세효가 있으니 긍정적이다.
- 용신은 일에서 생을 받지만 월에서 휴수된다.
- 그러나 2효 형이 동하여 다시 형을 화출한다.
- 형이 동하여 용신 재를 극하니 부정적이다.
- 현재 동효와 변효는 공망이다.
- 현재는 느끼지 못하지만 寅卯월에 출공하면 사업이 힘들어질 것이다.

		뢰풍항 ⇐	지풍승	진목(辰木)궁			
현무		II	官酉	II			
백호		II	父亥	II	命		卯월
등사	孫午	I	財丑	X	世	孫午	乙巳일
구진		I	官酉	I			공망 寅卯
주작		I	父亥	I	身	兄寅	
청룡		II	財丑	II	應		

소득이 있을 것인가?

- 소득은 재가 용신이니 4효에서 동한 丑土가 용신이다.

- 4효에 있는 재가 동하여 회두생이 되니 긍정적이다.

- 일에서도 생을 받아 좋을 것이다.

- 그러나 용신은 월에게 극을 당하고 있다.

- 巳午월이 오면 월의 생을 받아 소득이 있을 것이다.

			중태택 ← 뢰택귀매		태금(兌金)궁		
등사		‖	父戌	‖	應		
구진	兄酉	Ⅰ	兄申	乂	命		未월
주작		Ⅰ	官午	Ⅰ		孫亥	庚辰일
청룡		‖	父丑	‖	世		공망 申酉
현무		Ⅰ	財卯	Ⅰ	身		
백호		Ⅰ	官巳	Ⅰ			

돈에 관한 점이다

- 돈에 관한 용신은 2효에 있는 재이다.

- 5효의 兄申이 동하여 兄酉가 되어 진신이 되었다.

- 형이 동하면 재를 극하니 재는 좋지 않다.

- 2효의 卯木 재는 未월에 묘지에 처했다.

- 현재는 申酉가 공망이라 직접적인 타격은 없다.

- 다가오는 申일과 酉일에 손재가 예상된다.

			곤위지 ⇐	지풍승	진목(震木)궁		
현무		∥	官酉	∥			
백호		∥	父亥	∥	命		巳월
등사		∥	財丑	∥	世	孫午	乙卯일
구진	兄卯	∥	官酉	✗			공망 子丑
주작	孫巳	∥	父亥	✗	身	兄寅	
청룡		∥	財丑	∥	應		

개업해도 좋을까?

- 개업은 돈을 벌기 위한 것이므로 재가 용신이다.

- 세응에 해당하는 용신 재가 모두 공망이다.

- 용신은 월에서 생을 받고 일에서 충을 당한다.

- 2효, 3효도 동하여 용신을 설기하니 개업은 좋지 않다.

- 개업하지 않는 것이 좋겠다.

			택지췌 ⇐	택수곤	태금(兌金)궁		
청룡		∥	父未	∥	命		
현무		Ⅰ	兄酉	Ⅰ			未월
백호		Ⅰ	孫亥	Ⅰ	應		丙辰일
등사		∥	官午	∥	身		공망 子丑
구진	官巳	∥	父辰	✗			
주작		∥	財寅	∥	世		

재물점

- 재물점은 초효의 寅木 재가 용신이다.

- 용신 재는 월일에서 휴수되고 동효에서도 마찬가지이다.

- 2효에 있는 동효는 회두생되어 힘 있게 용신의 힘을 뺀다.

- 원신인 손효 亥水는 일에서 입묘되었다.
- 재수를 논하기 힘들다.

구직점(求職占) · 공명점(功名占)

● 부효는 문서〔추천서, 이력서, 당선, 합격, 승진〕의 용신이다.
● 관청, 회사 등 큰 조직의 취직에는 관효를 용신으로 한다.

● 벼슬, 직장, 시험, 입학 등도 자기 점은 세효가 용신이고,
   다른 사람이 치면 해당 육친을 용신으로 삼는다.
● 부효를 보지만 원신인 관효도 참고로 한다.

● 재가 지세해도 관이 동하여 생을 받아 왕해지면 공명점에 좋다.
● 손이 동하면 공명을 얻기가 어렵다.

● 구직점에서 관은 합이 되면 좋고, 충이 되거나 상(傷)하면 좋지 않다.
● 육합괘는 관에 이롭지만, 육충괘는 관을 취하지 못한다.

- 공명점에서는 부가 있으면 좋다.

  이때 부는 공망이 되지 않아야 하고 세효를 부조하면 좋다.

- 부가 왕상하면 길하고, 휴수되면 좋지 않다.
- 부가 왕상하면 문장이 아름답고, 관이 왕상하면 공명에 유리하다.

- 관이 지세하고 재가 동하여 세효와 생합하면 길하다.

  그러나 관이 세효나 용신을 극하면 도리어 흉하다.

- 재물점은 재와 손이 길하지만, 공명점은 재와 손이 좋지 않다.
- 관직자는 부와 관이 세효를 부조하면서 재가 왕하면 좋다.

- 구직이나 구관에는 관이 왕하고 세효의 도움을 받으면 성취된다.
- 구직이나 취직에는 관이 왕하고 세효를 생합하고, 손이 쇠하고 동하지
  않아야 순조롭다.

- 관은 합을 만나야 좋고 충을 당하면 좋지 않다.
- 관이 상하면 공명을 얻기 힘들다.

- 공명에는 왕한 부가 동하여 일진과 상합하면 길하지만
  재가 왕하면 다 된 일도 실패한다.

- 관이 재로 화(化)하면 재를 얻고, 손이 동하여 관을 극하면 관이 좋지
  않다.

● 관이 세효를 생하거나 세효와 합하면 관을 얻지만 관이 복장되면 성취할 수 없다.

● 세효나 관이 공상(空傷)이면 시험점과 구직점에는 불안하다.
● 일진이 지세한 관을 극하면 파직의 위험이 있다.

● 관이 은복되어도 왕상하고 일진과 월령이 생하면 작은 뜻은 성취한다.
● 부와 관이 있다고 해도 일진이나 월령의 생부를 얻지 못하면 뜻을 이루기 힘들다.

● 관이 은복되었을 때도 손이 동하여 관으로 화(化)하면서 세효와 생합하면 하위직은 얻는다.
● 손이 동하거나 재가 동하면 명예에 손상을 입는다.

● 동효가 월령과 비화되어 세효를 극하면 공명에는 불길하다.
● 삼합 관국이나 삼합 부국을 이루면 영전이 빠르다.

● 세효가 공망이 되고 일진이 세효를 충극하면 대흉을 예고하니 면관, 면직 또는 흉액이 있을 수 있다.

● 구직점에서는 부와 관이 함께 왕하면 좋다.
그러나 부가 쇠약해도 관이 왕하고 동하여 부를 생조해 주면 학문은 부족해도 공명을 얻는다.

● 태세와 관이 모두 세효를 충극하거나 월령과 동효가 모두 세효를 극하면 직장에서 실수하여 파직당할 수 있다.

● 세효가 쇠하고 동하지 않아도 일진과 월령이 같이 생부해주면 공명을 얻는다.
● 구직이나 구관에 관이 은복되면 이루어지지 않는다.

● 손이 동하여 관을 극하면 관직자는 화(禍)가 따른다.
● 관은 왕한데 재가 쇠하면 돈이 부족한 조직이니 오래 못 간다.

● 관이 동하여 진신이 되면 성취하고,
  관이 동하여 퇴신이 되거나 부가 공망이 되면 성사되지 못한다.

● 재관이 모두 발(發)하면 성취하지만,
  관이나 부가 나타나지 않으면 성사되지 못한다.

● 구직이나 구관에 간효가 출현해 도움이 된다고 해도
  용신이 공망이나 절묘(絕墓)에 해당하면 이루어지지 않는다.

● 괘 중에 관이 없으면 구관이나 구직은 힘들다.
● 관이나 부가 같이 동하면 성취하고, 손이나 재가 같이 동하면 성사되지 못한다.

● 구직점에서 관이 지세하면 길하다.

　이때도 세효가 동하여 퇴신이 되면 뜻을 이루기 힘들다.

● 관이나 부가 사묘절(死墓絶)이나 공망이 되거나 육효가 난동하면 성
　사되지 못한다.

● 손이 관으로 화(化)하여 세효와 생합하고 부가 왕할 때 관이 복장되면
　하급직이다.

● 형이 동하거나 일진과 월령이 형과 비화되면 공명점이나 시험점은 좋
　지 않다.

● 동료의 힘이 강해 경쟁이 치열하기 때문이다.

● 세효가 쇠하고 공망 되어도 일진이 생부하면 벗의 도움으로 이름을
　날린다.

● 부가 공망되어도 재가 동하여 관을 생하면 명예를 이룬다.

● 세효가 왕하지 않아도 관이나 부 양효가 일진이나 월령의 생부를 받
　아 왕상하고,

　응효가 동하여 세효를 생합하면 추천으로 소망을 이룬다.

			지뢰복 ⇐ 곤위지 곤토(坤土)궁				
등사		‖	孫酉	‖	世		
구진		‖	財亥	‖			亥월
주작		‖	兄丑	‖	身		庚子일
청룡		‖	官卯	‖	應		공망 辰巳
현무		‖	父巳	‖			
백호	財子	｜	兄未	✗	命		

구직점

- 직업은 관이 용신이니 3효의 卯木이다.

- 상효, 세효에 손이 있으니 관과 인연이 없다.

- 세효에 있는 비신은 사주의 격국과 같은 것이다.

- 卯木은 월일에서 생을 받고 있다.

- 초효가 동하여 용신을 휴수시킨다.

- 월일의 도움으로 직업을 구하더라도 적성에 맞지는 않다.

			천뢰무망 ⇐ 풍뢰익 손목(巽木)궁				
현무		｜	兄卯	｜	應		
백호		｜	孫巳	｜	身		辰월
등사	孫午	｜	財未	✗			乙巳일
구진		‖	財辰	‖	世	官酉	공망 寅卯
주작		‖	兄寅	‖	命		
청룡		｜	父子	｜			

구직점

- 구직점은 관이 용신이니 3효의 복신으로 있는 酉金이다.

- 복신 酉金은 비신 辰土의 생합을 받고 있다.

- 원신인 비신이 월일의 생을 받고 비화되니 좋은 결과 있을 것이다.
- 복신은 출현하는 날 성사되니 酉일이 길일이다.
- 酉일 구직 소식이 있겠다.

			화뢰서합 ⇐ 화산려		이화(離火)궁	
등사		▮	兄巳	▮		
구진		▮▮	孫未	▮▮	身	巳월
주작		▮	財酉	▮	應	辛未일
청룡	孫辰	▮▮	財申	✗	官亥	공망 戌亥
현무		▮▮	兄午	▮▮	命	
백호	官子	▮	孫辰	✗	世 父卯	

구직점

- 직업은 관이 용신인데 복신에 들어 있다.
- 복신의 비신은 申金으로 회두생되고 있다.
- 초효가 동하여 관을 극하니 부정적이다.
- 기신인 손이 세효에 있으니 직장 생활이 맞지 않다.
- 복신에 있는 용신은 월파되고 현재 공망이니 구직은 힘들다.

			택천쾌 ⇐ 택수곤		태금(兌金)궁	
주작		▮▮	父未	▮▮	命	
청룡		▮	兄酉	▮		寅월
현무		▮	孫亥	▮	應	戊戌일
백호	父辰	▮	官午	✗	身	공망 辰巳
등사		▮	父辰	▮		
구진	孫子	▮	財寅	✗	世	

관과 인연이 있을까?

- 3효에서 동한 관 午火가 용신이다.

- 용신은 월일과 초효의 동효와 寅午戌 삼합을 이룬다.

- 관이 왕하니 관과 인연이 많은 사람이다.

		손위풍 ⟸ 천풍구		건금(乾金)궁		
청룡		I	父戌	I		
현무		I	兄申	I	命		未월
백호	父未	II	官午	✗	應		丙申일
등사		I	兄酉	I			공망 辰巳
구진		I	孫亥	I	身	財寅	
주작		II	父丑	II	世		

현재 직장에 그대로 있을 수 있나?

- 직장은 관효가 용신이니 4효에서 동한 午火가 용신이다.

- 午火는 월령과 변효와 합이 되고 일에서 휴수된다.

- 합이 되는 것은 변동이 없다는 것이니 현직에 그대로 있을 것이다.

		택수곤 ⟸ 태위택		태금(兌金)궁		
백호		II	父未	II	世	
등사		I	兄酉	I	命		亥월
구진		I	孫亥	I			壬辰일
주작		II	父丑	II	應		공망 午未
청룡		I	財卯	I	身	
현무	財寅	II	官巳	✗		

관직운

- 관직은 용신이 관이니 초효에 있다.

- 용신은 월파당하지만 동해서 회두생을 받으니 통관이 된다.

- 현재는 세효인 未土가 공망이라 나에게 도움이 되지 않는다.

- 관이 생부되는 木운이나 火운이 오면 관운이 좋아질 것이다.

			지천태 ⇐ 건위천		건금(乾金)궁		
청룡	兄酉	‖	父戌	✗	世		
현무	孫亥	‖	兄申	✗	身		寅월
백호	父丑	‖	官午	✗			丙辰일
등사		┃	父辰	┃	應		공망 子丑
구진		┃	財寅	┃	命		
주작		┃	孫子	┃			

임용 가능한가?

- 임용은 관이 용신이니 4효에서 동한 午火가 용신이다.

- 상효의 戌土가 일진과 충이 된다.

- 용신은 월령과 상효의 戌과 寅午戌 삼합국을 이루고 있다.

- 그러나 충이나 합 등으로 삼합이 제대로 이루어지지 않고 있다.

- 임용이 가능할 것이다.

- 합은 합이나 충으로 풀 수 있다.

			수천수 ⇐ 건위천	건금(乾金)궁		
청룡	孫子	‖	父戌	✗	世	
현무		❘	兄申	❘	身	巳월
백호	兄申	‖	官午	✗		丁巳일
등사		❘	父辰	❘	應	공망 子丑
구진		❘	財寅	❘	命	
주작		❘	孫子	❘		

나의 취직

- 직업 등 취직은 관이 용신이니 4효에 있는 午火가 용신이다.

- 午火는 월일에서 비화되어 힘이 있다.

- 상효가 동하여 왕한 火를 입묘시키니 취직은 부정적이다.

- 2효에 있는 寅이 충기되는 申월이나 申일이 기회가 된다.

- 寅午戌 삼합이 되기 때문이다.

매매점(賣買占)

- 부효는 가옥과 계약서이니 용신이 되고, 관은 원신이 된다.
- 용신이 다현(多現)하면 경쟁자가 있다는 것이다.

- 매매점에서 부동산, 선박, 의복, 문방구는 부가 용신이다.
- 재는 매매할 물건이고 대금이다.
- 매매점에서 간효는 중개인이다.
- 간효가 동하여 세효나 응효를 극하면 중개인 방해로 성사되기 어렵다.

- 팔 사람의 점일 때는 세효가 본인이고 응효가 살 사람, 팔 물건이다.
- 살 사람의 점일 때는 세효가 본인이고 응효가 팔 사람, 살 물건이다.
- 세효와 응효가 상생되거나 생합이 되면 매매에 길하고,
  용신이 왕한 일진이나 월령에 성사된다.
- 세효와 응효가 상생이나 상합되면 매매는 성사된다.

- 세효와 응효가 형충되거나 묘절 또는 공망이 되면 매매는 이루어지지 않는다.

- 손은 이익이 되니 재와 손이 둘 다 왕하면 물건의 품질이 좋고 많은 이익이 있다.

- 매매에서 가축은 손이 용신이고, 오곡은 재가 용신이다.
- 매매에서 간효가 세효를 극하면 이익이 없다.

- 재나 세효가 동해야 매매가 쉽게 된다.

- 재가 외괘에서 세효를 생하면 타처에서 물건이 매각된다.
- 재가 내괘에서 세효를 생하면 본 장소에서 매각된다.

- 택효에 손이나 재가 놓여 왕상하면 길한 집이다.
- 택효에 형이나 관이 놓여 왕상하거나 동하여 세효를 극하면 불길한 집이다.

- 세효가 공망이 되면 내 마음이 정해지지 않았고, 응효가 공망이 되면 상대방이 매매할 의사가 없는 것이다.

- 초효가 부를 띠거나 일진과 같으면 대지 매매이다.
- 택효가 부를 띠거나 일진과 같으면 가옥 매매이다.
- 택효가 충이 되면 집이 빨리 팔린다.

● 택효가 회두생이 되면 집값을 잘 받고 판다.

● 택효를 삼합된 재국(財局)이 극하면 집을 팔게 된다.

● 부동산 매입은 부가 용신으로 생세 합세하여 유정하면 길하다.

● 부동산 매도는 응효를 생하거나 합하는 것이 길하다.

● 매매점에서 재가 내괘에 있으면 좋다.

● 매매점에서 재가 외괘에서 동하면 매매가 순조롭지 못하다.

● 재와 손이 왕상하여 용신과 원신을 극하면 계약이 성립되지 못한다.

● 세효와 응효가 같이 공망이 되면 피차간 관심이 없어 매매가 성사되
  지 못한다.

● 응효가 세효와 합을 하면 성사되지만 응효가 세효를 형극하면 성사되
  지 못한다.

● 부가 정하면 충할 때 매매가 이루어지고
  부가 동하여 공망이 되면 출공할 때 이루어진다.

● 부가 합된 것은 충개(沖開)될 때 이루어진다.

● 부가 재로 화(化)하면 집을 팔고, 재가 부로 화(化)하면 집을 산다.

● 재가 동하여 부를 극하면 집이 팔린다.
  그리고 응효가 동하여 재로 변하면 계약이 해지된다.

● 재가 세효에 있고 외괘에서 손이 동하면 외지에서 파는 것이 좋다.

- 재가 지세하거나 재가 동하여 세효를 극하면 큰 이익이 있다.

- 간효가 동하여 세효를 극하면 나에게 이익이 없고 중간 상인만 이득을 본다.
- 초효와 택효에 부가 놓이면 집을 팔거나 사게 된다.

- 응효가 세효로 합하면 매매의 뜻을 이룬다.
- 용신이 세효를 형극하면 매매가 순조롭지 않다.

- 매매 또는 임대차 경우에는 부의 왕쇠로 성사 여부를 판단한다.
- 상호간 계약의 성사 여부는 응효와 부를 겸하여 살핀다.

- 재가 동하면 매매할 물건의 변동이 있고, 관이 동하면 재앙이 생긴다.

- 외괘의 재가 세효를 생하면 타처에서 팔게 되고,
  내괘에 있는 재가 세효를 생하면 가까운 곳에서 판다.

- 세효와 응효가 상극되어도 간효가 동하여 통관 상생시키면 중개인이 성사시킨다.
- 괘 중에 재가 은복되거나 공망이 되면 매매는 성립 안 된다.

- 세효와 응효가 상생이나 상합하면 매매가 성사된다.
  그러나 세효가 응효를 충극하거나 응효가 세효를 충극하면 매매가 이루어지지 않는다.

- 택효를 충하는 날 집을 보러 온다.
- 매매점에 육충은 흉하고 육합은 길하다.

- 재가 공망이 되거나 괘 중에 재가 없으면 매매는 성사되지 않는다.
- 간효가 동하여 세효를 극하면 나에겐 이익이 없다.

- 세효와 응효가 상생이나 상합이 되면 길하니 성사되고,
  세효와 응효가 상극, 형충 또는 묘절이나 공망되면 성사되지 못한다.

- 충중봉합(沖中逢合)은 매매가 성사되지만,
  합처봉충(合處逢沖)은 매매가 성사되지 못한다.

- 재가 많으면 매매할 물건이 많고, 재가 약하면 물건이 적다,
- 재가 복신이 되거나 공망이 되면 매매할 물건이 없는 것이다.
- 재가 왕하면 시세가 좋고, 휴수묘절(休囚墓絶)이 되면 시세가 없다.

- 재에 역마가 있으면 매매가 잘 된다.
- 재가 동하여 형으로 화(化)하면 손해보고 매매한다.

- 재가 동하여 손으로 변하거나,
  손이 동하여 재로 변하면 매매하여 이익이 많다.

	화택규	⇐	화뢰서합		손목(巽木)궁	
등사		I	孫巳	I		
구진		II	財未	II	命 世	卯월
주작		I	官酉	I		辛酉일
청룡		II	孫辰	II		공망 子丑
현무	兄卯	I	兄寅	✗	身 應	
백호		I	父子	I		

매매점

- 집이 언제 팔릴까?
- 집 계약은 부가 용신이니 초효에 있는 子水이다.
- 용신은 월에서 휴수되고 일에서 생을 받지만 현재 공망이다.
- 2효가 동하여 진신이 되며 용신의 힘을 뺀다.
- 계약은 이루어지지 않을 것이다.

	천택이	⇐	건위천		건금(乾金)궁	
현무		I	父戌	I	世	
백호		I	兄申	I	身	午월
등사		I	官午	I		乙未일
구진	父丑	II	父辰	✗	應	공망 辰巳
주작		I	財寅	I	命	
청룡		I	孫子	I		

주택 매매점

- 주택 매매는 부가 용신이니 3효에 있는 辰土가 용신이다.
- 용신은 동하여 퇴신이 되니 좋지 않다.
- 辰土는 월일에서 생을 받고 비화되니 긍정적이다.

- 현재 공망이니 출공되는 辰일에 팔릴 것이다.
- 급매매는 충이 더 효과적이니 충으로 출공되는 戌일도 좋다.

	화수미제	⇐	화택규	간토(艮土)궁		
백호		I	孫巳	I		
등사		II	兄未	II		財子	亥월
구진		I	孫酉	I	身世		壬申일
주작		II	兄丑	II			공망 戌亥
청룡		I	官卯	I		
현무	官寅	II	父巳	✗	命應	

매매점

- 건물이 팔릴까?
- 건물 매매는 부를 용신으로 삼으니 초효에서 동한 巳火가 용신이다.
- 巳火는 동하여 회두생된다.
- 용신 巳火는 일진과 寅巳申 삼형이 되고 월과 충이 된다.
- 매매에서 참고로 하는 세응에서 응효가 세효를 극하니 역시 불길하다.
- 매매는 이루어지지 않을 것이다.

	택천쾌	⇐	택화혁	감수(坎水)궁		
현무		II	官未	II	身	
백호		I	父酉	I			戌월
등사		I	兄亥	I	世		乙未일
구진		I	兄亥	I	命	財午	공망 辰巳
주작	孫寅	I	官丑	✗		
청룡		I	孫卯	I	應	

집 매매점

- 집 매매는 부가 용신이니 5효에 있는 酉金이다.

- 용신은 월일에서 생을 받고 있다.

- 2효가 동하여 회두극되면서 용신을 생한다.

- 집은 팔릴 것이나 월일이나 동효가 세효를 극하니 본인은 힘들다.

- 집은 팔려도 힘든 일이 생길 것이다.

	지천태 ⟸		뢰산소과		태금(兌金)궁		
주작		‖	父戌	‖			
청룡		‖	兄申	‖			申월
현무	父丑	‖	官午	✗	命世	孫亥	戊申일
백호		┃	兄申	┃			공망 寅卯
등사	財寅	┃	官午	✗		財卯	
구진	孫子	┃	父辰	✗	身應		

땅 매매점

- 땅 주인이 땅을 팔까?

- 문서 매매는 부가 용신이니 초효에서 동한 辰土가 용신이다.

- 용신은 월과 일에서 휴수되고 있다.

- 2효와 4효가 동하여 용신을 생한다.

- 2효가 회두생되며 용신을 생하지만 변효 寅木이 공망이다.

- 출공이 되는 寅일이나 寅월에 매매가 이루어질 것이다.

六獸			택수곤 ⇐ 수택절		감수(坎水)궁	
청룡		‖	兄子	‖	身	
현무		l	官戌	l		未월
백호	兄亥	l	父申	✕	應	丙辰일
등사		‖	官丑	‖	命	공망 子丑
구진		l	孫卯	l		
주작	孫寅	‖	財巳	✕	世	

주택 매매점

- 주택 매매는 부가 용신이니 4효에서 동한 申金이 용신이다.
- 용신이 월일에서 생을 받고 있다.
- 초효에서 동한 巳火가 회두생되며 용신을 형극하고 있다.
- 세효와 응효가 형이 되니 매매가 순조롭지 못하다.
- 매매과정에서 형에 해당하는 소란스러움이 있을 것이다.

六獸			⇐ 수화기제		감수(坎水)궁		
구진			兄子	‖	身 應		
주작			官戌	l			辰월
청룡			父申	‖			己未일
현무			兄亥	l	命 世	財午	공망 子丑
백호			官丑	‖			
등사			孫卯	l			

매매점 : 고추는 언제 팔까?

- 농산물 매매는 재가 용신이다.
- 팔 때는 재가 왕상해야 하고, 살 때는 재가 휴수하면 좋다.
- 비싸게 팔고 싸게 사야 하기 때문이다.

- 재가 복신으로 있는데 비신이 복신을 극하고 있다.

- 2효 丑, 5효 戌이 일월에서 암동하고 있다.

- 복신으로 있는 용신은 월일에서도 휴수되고 있으니 지금은 때가 아니다.

- 子丑 공망이 출공되면 가격은 더 떨어지게 되니 금년 고추 값은 낮을 것이다.

			택화혁 ← 건위천		건금(乾金)궁		
백호	父未	‖	父戌	✗	世		
등사		❘	兄申	❘	身		丑월
구진		❘	官午	❘			癸酉일
주작		❘	父辰	❘	應		공망 戌亥
청룡	父丑	‖	財寅	✗	命		
현무		❘	孫子	❘			

가옥 매매점

- 가옥 매매는 문서의 이동이니 부를 용신으로 한다.

- 동한 상효에 있는 부를 용신으로 하는데 현재 공망이다.

- 3효에도 부가 있는데 또 하나의 부가 있다는 것은 경쟁자가 있다는 의미이다.

- 상효의 부는 동하여 퇴신이 되고 있다.

- 용신은 월에서 丑戌未 형으로 비화되고, 일에서 휴수되고 있다.

- 2효의 재가 동하여 용신을 극한다.

- 용신은 현재 공망이니 힘이 없다.

- 점을 치는 달이 丑월이니 출공하는 辰월이나 戌월을 기대해야 한다.

합격(合格) · 당선(當選) · 시험점(試驗占)

● 시험점은 부가 용신이 되고, 관이 원신이 된다.
  그래서 재는 기신이고, 손은 구신이 된다.

● 시험을 보지 않는 취직, 승진, 당선, 임용, 재임용 등은 관을 용신으로
  한다. 이때는 재가 관의 원신이 된다.

● 시험점은 본인의 점이나 대신 치는 점 모두 부를 용신으로 삼는다.
  이때 회사, 관청, 학교를 나타내는 관은 부효의 원신이 된다.

● 자식의 시험점을 부모가 치는 경우가 많으므로 다음에 주의해야 한다.
● 부가 동하는 것은 부모의 점이 되므로
  자식의 시험점에서 부가 동하면 자식의 신수점을 다시 보아야 한다.

- 국가시험에서는 관이 쇠약하면 합격이 불가하다.
- 관과 세효가 같이 왕상하고 귀인 록마가 세효와 생합하면 고시합격이다.

- 시험의 합격여부는 세효가 발동되어야 한다.
- 부효나 관이 화(化)하여 절(絶)에 있으면 합격이 어렵다.

- 부가 유기하고 유정(有情)하면 우수한 성적으로 시험에 합격한다.
- 부가 유기하지만 공상(空傷)이면 공상(空傷)을 벗어날 때 성취한다.

- 세효와 부와 관이 삼합이 되어 부국(父局)이나 관국(官局)을 이루면
  합격하거나 관을 구한다.

- 부가 있을 때 재가 동한다 하더라도
  관이 같이 동하여 통관시키면서 지세하거나 세효를 생하면 합격한다.

- 세효가 유정하고 월령이 관을 생부하면 구직시험이나 입학시험에 합격
  한다.
- 일진이나 월령이 세효를 충극하면 구직시험은 어렵다.

- 부효나 관 중에서 하나만 왕하고 하나가 쇠하면 합격이 힘들다.
  합격하려면 부와 관이 함께 왕상해야 한다.

- 관이 세효에 있어 왕상하면 성취하고, 손이 세효에 있으면 성사되지
  못한다.

- 관이 동하고 부가 왕하면 합격하고, 재가 동하고 손이 왕하면 낙방이다.

- 부와 관이 유기하고 유정(有情)할 때는
  부가 왕하고 관쇠(官衰)하면 시험에 합격한다.

- 세효에 있는 관이 발동해도 좋은 성적이다.
- 형이 동하거나 일진과 월령이 형에 있으면 불합격이다.

- 재나 손이 지세하거나 동하면 부효나 관이 극을 받기 때문에
  유기하더라도 합격이 어렵다.

- 세효가 동하여 관으로 화(化)하여 회두극이 되면 10년 노력도 허사이다.
- 세효가 동해서 관으로 화(化)하고 부가 충파되지 않으면 합격 가능성이
  크다.

- 부가 변하여 퇴신이 되면 낮은 성적으로 합격한다.
- 관과 부 그리고 세효가 삼합 관국(官局)이나 부국(父局)이 되면 반드시
  합격이다.

- 관이 휴수되고 공상(空傷)되었을 때
  관이 동하여 세효를 극하면 합격할 수 없다.

- 세효나 용신이 년월일과 생합하면 수석 합격이다.

- 부가 동하여 진신이 되면 상위권 합격이다.
- 형이 동하면 시험점에서는 불리하다.

- 쇠약한 부가 공상(空傷)이 되고 회두극 또는 퇴신이 되는 경우는
  진로를 바꾸는 것이 좋다.

- 세효가 유정(有情)하고 관이 월령과 일진의 생부를 얻으면 시험에 합
  격된다.
- 그러나 세효가 동하여 관으로 변하고 그 관이 다시 세효를 극하면
  구관이나 시험은 뜻을 이룰 수가 없다.

- 세효가 일진 월령 태세의 생합을 얻으면 수석으로 합격한다.
- 비록 부가 왕해도 관이 휴수, 묘절, 공파(空破)되면 낙제한다.

- 세효가 관과 더불어 삼합을 이루면
  구관이나 구직 그리고 시험에 모두 길하다.

- 쇠약한 부가 회두생이나 진신이 되어 길하게 변하거나
  육충이 육합으로 변하면 포기했다가도 다시 시작한다.

- 관이 부로 화(化)하면 합격이고, 관이 손으로 화(化)하면 낙방이다.
- 부가 관으로 화(化)하면 합격하고, 부가 재로 화(化)하면 낙방한다.

- 삼합 관국(官局)을 이루거나 삼합 부국(父局)을 이루면 합격이다.
- 삼합 손국(孫局)을 이루면 불합격이고 명예도 없다.

- 관이 유기해야 시험에 합격하고 공명을 취한다.
- 관이 용신(身)을 생하면 길하고 용신을 극하면 불길하다.

- 세효가 유기하고 관을 일진과 월령이 생하면 좋은 성적으로 합격한다.
- 세효나 관이 공망이나 형충파해 되면 구직시험은 가망 없다.

- 형이 동한 가운데 일진이나 월령에서 비화되면 구관이나 합격은 힘들다.

			산택손 ⇐ 풍택중부		간토(艮土)궁		
주작		I	官卯	I			
청룡	財子	II	父巳	✗	命	財子	申월
현무		II	兄未	II	世		戊辰일
백호		II	兄丑	II		孫申	공망 戌亥
등사		I	官卯	I	身		
구진		I	父巳	I	應		

시험점

- 시험 등 공명점은 부가 용신이니 5효에서 동한 巳火가 용신이다.
- 용신 巳火는 월에서 巳申형이 되고 일에서 휴수된다.
- 5효가 동하여 회두극이 되니 용신이 힘이 없다.
- 더구나 변효가 월일과 申子辰 삼합을 이뤄 용신을 극하고 있다.
- 원신인 관도 월일에서 극을 받고 휴수되니 시험 합격은 어렵다.

			천수송 ⇐ 천택이		간토(艮土)궁		
주작		I	兄戌	I	命		
청룡		I	孫申	I	世	財子	戌월
현무		I	父午	I			戌申일
백호		II	兄丑	II	身		공망 寅卯
등사		I	官卯	I	應		
구진	官寅	II	父巳	✗			

시험점

- 시험점은 초효의 부가 용신이다.

- 부가 동하여 회두생 되지만 변효는 현재 공망이다.

- 용신 巳火는 월에서 입묘되고 일에서 巳申 형합이 되고 있다.

- 형이 동하면 시험에는 합격이 어렵다.

			천수송 ⇐ 풍지관		건금(乾金)궁		
청룡		I	財卯	I			
현무		I	官巳	I	命	兄申	戌월
백호	官午	I	父未	✗	世		丙午일
등사		II	財卯	II			공망 寅卯
구진	父辰	I	官巳	✗	身		
주작		II	父未	II	應	孫子	

입시에 합격할까?

- 입시 합격은 부를 용신으로 하고, 구직 시험은 관을 용신으로 한다.

- 4효에서 동하여 회두생이 된 未土가 용신이다.

- 용신은 월과 비화되고 일진에서 합생이 된다.

- 2효가 동하여 용신을 생하니 용신이 건왕하여 합격할 것이다.

수지비 ⇐ 지택림			곤토(坤土)궁			
주작		‖	孫酉	‖		
청룡	兄戌	Ⅰ	財亥	✗	應	辰월
현무		‖	兄丑	‖	身	戊寅일
백호		‖	兄丑	‖		공망 申酉
등사	父巳	‖	官卯	✗	世	
구진	兄未	‖	父巳	✗	命	

당선될 것인가?

- 당선은 관을 용신으로 삼고 원신인 재를 참고한다.
- 2효에 있는 卯木이 용신으로 동하여 부가 되니 긍정적이다.
- 관이 세효에 있어 원래 관과 인연이 있는 사람이다.
- 관은 월에서 휴수되고 일에서 비화되고 있다.
- 5효는 동하여 용신을 생하려고 하지만 회두극으로 힘이 없다.
- 동한 초효와 5효는 서로 충이 되어 영향력이 적다.
- 월에서 휴수되었지만 근소한 차이로 당선되었다.

화풍정 ⇐ 화지진			건금(乾金)궁				
등사		Ⅰ	官巳	Ⅰ			
구진		‖	父未	‖			丑월
주작		Ⅰ	兄酉	Ⅰ	身 世		辛卯일
청룡	兄酉	Ⅰ	財卯	✗			공망 午未
현무	孫亥	Ⅰ	官巳	✗			
백호		‖	父未	‖	命 應	孫子	

시의원 당선점

- 시의원은 공직이니 관을 용신으로 삼는다.

- 용신은 2효에서 동하여 회두극을 당한다.
- 3효가 동하여 용신을 생하나 회두극되어 힘이 없다.
- 용신은 월에서 휴수되고, 일에서 생을 받고 있다.
- 동효의 도움이 없어서 당선은 힘들다.

		화뢰서합 ⟸ 천뢰무망	손목(巽木)궁		
등사		I	財戌	I		
구진	財未	‖	官申	✕		辰월
주작		I	孫午	I	命世	辛卯일
청룡		‖	財辰	‖		공망 午未
현무		‖	兄寅	‖		
백호		I	父子	I	身應	

巳월 의원 선거에서 당선될까?

- 공직은 관이 용신이니 5효에서 동하여 회두생이 된 申金이 용신이다.
- 용신은 월에서 생을 받고 일에서 휴수되고 있다.
- 세효와 변효 午未가 현재 공망이다.
- 선거가 있는 巳월에 용신이 巳申형극을 당하니 당선은 힘들겠다.

		간위산 ⟸ 풍산점	간토(艮土)궁		
등사		I	官卯	I	命應	
구진	財子	‖	父巳	✕		子월
주작		‖	孫未	‖		庚辰일
청룡		I	孫申	I	身世	공망 申酉
현무		‖	父午	‖		
백호		‖	兄辰	‖		

시험점

- 합격이나 승진은 부가 용신이다.

- 부효는 2효와 5효에 있다.

- 움직이는 효가 용신이니 5효가 용신이다.

- 용신이 동하여 회두극되고 있다.

- 용신은 월에게 극을 당하고 일에서 휴수되고 있다.

- 시험에 합격하지 못한다.

			천수송 ⇐ 천택이		간토(艮土)궁		
현무		I	兄戌	I	命		
백호		I	孫申	I	世	財子	戌월
등사		I	父午	I			乙卯일
구진		II	兄丑	II	身		공망 子丑
주작		I	官卯	I	應		
청룡	官寅	II	父巳	✗			

시험 합격?

- 시험은 부가 용신이니 초효에 있는 巳火가 용신이다.

- 4효에도 부가 있는데 동하거나 형충되는 효를 용신으로 삼는다.

- 초효 巳火가 동하여 회두생을 받으니 긍정적이다.

- 용신은 일에서도 생을 받으니 일진이 좋아 합격할 수 있다.

			수택절 ⇐ 수뢰둔		감수(坎水)궁		
청룡		‖	兄子	‖	命		
현무		I	官戌	I	應		寅월
백호		‖	父申	‖			丁巳일
등사		‖	官辰	‖	身	財午	공망 子丑
구진	孫卯	I	孫寅	✗	世		
주작		I	兄子	I			

시험 합격?

- 시험은 부가 용신이다.

- 4효에 있는 申金이 용신이다.

- 용신 申金은 월파당하고 일에서 巳申형으로 극을 당하고 있다.

- 2효가 동하여 용신을 충한다.

- 원신도 동효와 월에서 극을 당하니 합격운은 없다.

			수산건 ⇐ 택산함		태금(兌金)궁		
백호		‖	父未	‖	命 應		
등사		I	兄酉	I			午월
구진	兄申	‖	孫亥	✗			壬戌일
주작		I	兄申	I	身 世		공망 子丑
청룡		‖	官午	‖		財卯	
현무		‖	父辰	‖			

아들의 대학입시

- 입시시험은 부가 용신이고 원신인 관효를 참고한다.

- 초효에 있는 辰土가 용신으로 월에서 생을 받고 일에서 충이 되고 있다.

- 상효에도 부가 있지만 암동하는 초효를 용신으로 잡는다.

- 4효가 동하여 회두생되며 용신을 휴수시킨다.
- 월에서 생을 받지만 일진과 동효가 좋지 않으니 좋은 결과 기대하기 힘들다.
- 동한 4효의 亥水도 원신인 관을 극하니 좋은 점수는 힘들다.

		천화동인 ⇐ 건위천		건금(乾金)궁		
백호		Ⅰ	父戌	Ⅰ	世	
등사		Ⅰ	兄申	Ⅰ	身	亥월
구진		Ⅰ	官午	Ⅰ		壬寅일
주작		Ⅰ	父辰	Ⅰ	應	공망 辰巳
청룡	父丑	Ⅱ	財寅	✗	命	
현무		Ⅰ	孫子	Ⅰ		

시험 합격?

- 시험점은 부가 용신이다.
- 3효와 상효에 부가 있는데 지세하고 있는 상효를 용신으로 한다.
- 용신이 월에서 휴수되고 일에게 극을 당하고 있다.
- 2효가 동하여 용신을 극하니 부정적이다.
- 합격은 힘들다.

		천산둔 ⇐ 택산함		태금(兌金)궁		
등사	父戌	Ⅰ	父未	✗	命 應	
구진		Ⅰ	兄酉	Ⅰ		午월
주작		Ⅰ	孫亥	Ⅰ		庚戌일
청룡		Ⅰ	兄申	Ⅰ	身 世	공망 寅卯
현무		Ⅱ	官午	Ⅱ	財卯	
백호		Ⅱ	父辰	Ⅱ		

시험 합격?

- 시험은 부가 용신이니 상효의 未土이다.
- 초효에도 부가 있으나 동하거나 충극되는 것을 용신으로 삼는다.
- 용신 未土는 월에서 생을 받고 일에서 비화된다.
- 상효 용신이 동하여 진신이 되니 좋은 결과가 예상된다.
- 용신은 세효를 생하니 나에게도 기쁜 소식이다.

		화뢰서합 ⇐ 뢰지예		진목(震木)궁		
현무	孫巳	I	財戌	✗		
백호		II	官申	II	命	亥월
등사		I	孫午	I	應	甲子일
구진		II	兄卯	II		공망 戌亥
주작		II	孫巳	II	身	
청룡	父子	I	財未	✗	世	父子

시험 합격?

- 시험은 부가 용신이니 복신으로 있다.
- 복신을 품은 비신 未土가 복신을 극하니 부정적이다.
- 용신이 월일에서 비화되어 힘이 있다.
- 그러나 未土 재가 지세하여 시험과 인연은 덜하다.
- 상효에 있는 재도 회두생되며 용신을 극하니 합격은 어렵다.

	천산둔 ⇐	택산함		태금(兌金)궁		
등사	父戌	I	父未	✕	命 應	
구진		I	兄酉	I		子월
주작		I	孫亥	I		庚戌일
청룡		I	兄申	I	身 世	공망 寅卯
현무		II	官午	II	財卯	
백호		II	父辰	II		

시험 합격?

● 시험은 부가 용신이니 상효의 未土이다.

● 초효에도 부가 있는데 동한 효를 용신으로 삼는다.

● 용신 未土는 월에서 휴수되고 일진과 형이 되며 비화되고 있다.

● 상효가 동하여 진신이 되면서 세효를 생하니 합격할 것이다.

	뢰지예 ⇐	풍뢰익		손목(巽木)궁		
구진	財戌	II	兄卯	✕	應	
주작	官申	II	孫巳	✕	身	亥월
청룡	孫午	I	財未	✕		己丑일
현무		II	財辰	II	世 官酉	공망 午未
백호		II	兄寅	II	命	
등사	財未	II	父子	✕		

시험 합격?

● 입시 등이 아닌 구직시험은 관이 용신이다.

● 용신 관은 세효 아래에 복신으로 있다.

● 재생관으로 세효가 용신을 생하고 있다.

● 4개의 효가 난동하여 서로 생하고 극하고 있다.

- 극보다는 생이 먼저이니 세효는 힘을 받아 용신을 생한다.
- 합격할 것이다.

육수	변효		괘효		世身命	비고
		수풍정 ⇐ 수지비		곤토(坤土)궁		
현무		II	財子	II	應	
백호		I	兄戌	I		寅월
등사		II	孫申	II	身	乙巳일
구진	孫酉	I	官卯	✗	世	공망 寅卯
주작	財亥	I	父巳	✗		
청룡		II	兄未	II	命	

시험점

- 시험 합격은 부가 용신이니 2효의 巳火이다.
- 2효 용신이 동하여 회두극되니 불길하다.
- 그러나 용신은 월일에서 생을 받고 비화된다.
- 3효가 동하여 회두극되면서 용신을 생한다.
- 동효 卯木은 현재 공망이다.
- 월일에서 힘을 받더라도 그 시간의 운이 좋지 않으면 합격하지 못한다.

육수	변효		괘효		世身命	비고
		감위수 ⇐ 지택림		곤토(坤土)궁		
청룡		II	孫酉	II		寅년
현무	兄戌	I	財亥	✗	應	卯월
백호		II	兄丑	II	身	丙辰일
등사		II	兄丑	II		공망 子丑
구진		I	官卯	I	世	
주작	官寅	II	父巳	✗	命	

시험점

- 합격운은 부가 용신이니 초효에 있는 巳火이다.
- 용신은 월에서 생을 받고 일에서 휴수된다.
- 용신이 동하여 회두생되니 긍정적이다.
- 5효에서 동한 亥水가 회두극되면서 용신과 충이 된다.
- 그러나 원신인 2효의 卯木이 월과 비화되면서 통관을 시킨다.
- 그래서 합격할 것이다.
- 중간, 기말고사가 아닌 대학입시나 고시 등은 년도 참고한다.

			뢰택귀매 ⇐ 뢰풍항		진목(震木)궁		
백호		‖	財戌	‖	應		
등사		‖	官申	‖			子월
구진		‖	孫午	‖	身		癸巳일
주작	財丑	‖	官酉	✗	世		공망 午未
청룡		‖	父亥	‖		兄寅	
현무	孫巳	‖	財丑	✗	命		

입사 시험점

- 시험점은 부가 용신이니 2효에 있는 亥水이다.
- 亥水는 월에서 비화되고 일에서 충이 된다.
- 초효가 동하여 회두생되며 용신을 극하지만 巳酉丑이 된다.
- 3효가 동하여 巳酉丑 삼합이 되며 용신을 생하니 합격할 것이다.
- 재보다 관에 의지해야 한다.

			풍수환 ⇐ 뢰천대장		곤토(坤土)궁	
주작	官卯	I	兄戌	X		
청룡	父巳	I	孫申	X		子월
현무	兄未	II	父午	X	命 世	戊子일
백호		I	兄辰	I		공망 午未
등사		I	官寅	I		
구진		I	財子	I	身 應	

대학입시

- 시험은 부가 용신이니 4효에서 동한 午火가 용신이다.
- 용신은 변효와 합이 되고 월일에서 충을 맞고 있다.
- 5효와 상효도 동해 용신에게 도움이 되지 않는다.
- 합격이 힘들다.

			풍수환 ⇐ 산지박		건금(乾金)궁		
주작		I	財寅	I			
청룡	官巳	I	孫子	X	世	兄申	亥월
현무		II	父戌	II	命		戊申일
백호		II	財卯	II			공망 寅卯
등사	父辰	I	官巳	X	應		
구진		II	父未	II	身		

나의 시험점

- 합격에 관한 것은 부가 용신이다.
- 용신이 초효와 4효에 있어 용신다현(用神多現)에 해당한다.
- 용신은 土에 해당하는데 월일에서 휴수된다.
- 2효가 변효에 휴수되며 용신을 생한다.

- 5효는 동하여 휴수되며 용신의 힘을 뺀다.
- 현재 寅卯木이 공망인데 출공하는 甲寅일에 불합격 통지를 받았다.

		산지박	⟵	산수몽	이화(離火)궁		
청룡		I	父寅	I			
현무		II	官子	II	身		辰월
백호		II	孫戌	II	世	財酉	丁酉일
등사		II	兄午	II			공망 辰巳
구진	兄巳	II	孫辰	✗	命		
주작		II	父寅	II	應		

시험의 합격?

- 시험은 부가 용신이니 寅木이 용신이다.
- 용신이 월에 휴수되고 일에게 극을 당한다.
- 2효는 현재 공망이나 동하여 회두생되어 용신을 휴수시킨다.
- 시험 합격은 힘들다.

부부점(夫婦占)

- 부부점에서 재는 처첩으로 남편의 여자가 된다.
- 부부점에서 관은 남편 또는 부인의 남자가 된다.

- 부부점에서 재가 중첩되면 남자에게 여자가 많다.
- 부부점에서 관이 중첩되면 여자에게 남자가 많다.

- 부인이 치는 점에 관이 동해서 화한 변효가 재효일 경우에는
  남편에게 여자가 생긴 것이다.
  이때 화출한 재가 세효를 극하면 정부(情婦)가 나를 상해한다.

- 남편이 치는 점에서 재가 동해서 화한 변효가 관효일 경우
  부인에게 남자가 생긴 것이다.
  이때 화출한 관이 세효를 극한다면 정부(情夫)가 남편을 극한다.

- 부부가 화목하려면 용신이 정하면 좋고 동하는 것은 꺼린다.
- 동하면 안정감이 없다.

- 재가 중첩될 때는 응효의 재를 정부인으로 본다.

- 용신이 유기하거나 유정(有情)하면 부부가 화목하고 해로한다.
- 용신이 휴수하거나 공망이 되면 부부가 화목하지 못하다.

- 부부점에서 용신이 유기, 유정(有情)하면 화합의 상(象)이다.

- 부인이 점을 칠 때, 재는 남편의 여자가 된다.
- 남편이 점을 칠 때, 관은 부인의 정부(情夫)가 된다.

- 용신이 퇴신이 되면 생사별이 있다.
- 용신이 반음이 되면 이합(離合)의 반복이 있다.
- 용신이 복음이 되면 우울증에 시달린다.

			풍택중부 ⇐ 손위풍		손목(巽木)궁		
백호		I	兄卯	I	世		
등사		I	孫巳	I			卯월
구진		II	財未	II	身		壬寅일
주작	財丑	II	官酉	✗	應		공망 辰巳
청룡		I	父亥	I			
현무	孫巳	I	財丑	✗	命		

남편이 묻는 부부점

- 남편이 부부를 묻는 것은 처를 묻는 것이니 재를 참고한다.
- 남편이 점을 치니 세효를 중심으로 본다.
- 세효에게는 동하지 않은 또 다른 재가 있어서 다른 여자도 있다.
- 초효에서 동한 丑土가 처이다.
- 처는 월일에게 극을 당하고 3효가 동하여 처의 힘을 뺀다.
- 초효가 동하여 회두생이지만 변효 巳火는 공망이다.
- 巳火가 출공되는 巳월에 巳酉丑 금국이 세효를 치니 남편은 곤궁에 처할 것이다.

		뢰택귀매 ⇐	택수곤		태금(兌金)궁	
등사		‖	父未	‖	命	
구진	兄申	‖	兄酉	✕		辰월
주작		⎮	孫亥	⎮	應	庚申일
청룡		‖	官午	‖	身	공망 子丑
현무		⎮	父辰	⎮		
백호	官巳	⎮	財寅	✕	世	

남편이 보는 부부점

- 처는 재성을 용신으로 하니 초효에서 동한 寅木이 용신이다.
- 재가 세효에 있다는 것은 일단 부부는 유정하다.
- 寅木이 동하여 巳火 관을 화출하였으므로 처에겐 정부(情夫)가 있을 수 있다.
- 용신은 월에 휴수되고 일에서 충을 맞고 있다.
- 5효에서 동한 酉金이 퇴신이 되면서 용신을 극하고 있다.

- 초효와 변효 그리고 일진이 寅申巳 삼형이 되니 소란, 소동, 소송 등이 있겠다.

		화택규 ⇐ 이위화		이화(離火)궁			
청룡		I	兄巳	I	身世		
현무		II	孫未	II			午월
백호		I	財酉	I			丁酉일
등사	孫丑	II	官亥	✗	命應		공망 辰巳
구진	父卯	I	孫丑	✗			
주작		I	父卯	I			

부인이 본 부부점

- 본인은 세효인 巳火이고 남편은 3효에서 동한 亥水이다.

- 세효 巳火는 현재 공망이다.

- 부부점에서 육충괘가 나와 불길하다.

- 亥水는 회두극을 받고 있어 자식에게 공격을 받는 형상이다.

- 2효도 동해 회두극이 되면서 관을 극하고 있다.

- 남편 관은 월에서 휴수되고 일에서 생을 받고 있다.

- 세효 巳火가 출공되는 巳월이나 巳일에 부부간 충돌이 있을 것이다.

		감위수 ⇐ 택산함		태금(兌金)궁			
백호		II	父未	II	命應		
등사		I	兄酉	I			巳월
구진	兄申	II	孫亥	✗			癸巳일
주작	官午	II	兄申	✗	身世		공망 午未
청룡	兄辰	I	官午	✗		財卯	
현무		II	父辰	II			

여자가 본 부부점

- 남편은 2효에서 동한 午火인데 현재 공망이다.

- 관들은 월일에서 비화되니 기세가 등등하나 현재 공망이다.

- 3효의 변효에도 또 관이 있으니 또 하나의 남자가 있다.

- 3효에 있는 세효는 회두극을 당하니 또 하나의 남자에게 시달리고 있다.

- 지금은 잠잠하지만 출공되는 때 사건이 벌어질 것이니 미리 조심해야
  한다.

		간위산 ⇐ 산화비		간토(艮土)궁		
현무		I	官寅	I		
백호		II	財子	II		子월
등사		II	兄戌	II	身應	乙酉일
구진		I	財亥	I	孫申	공망 午未
주작		II	兄丑	II	父午	
청룡	兄辰	II	官卯	✗	命世	

남편과 이혼 가능할까?

- 세효는 초효에서 동하고 있는 卯木이다.

- 남편은 상효에 있는 寅木이다.

- 둘 다 월에서 생을 받고 일에서 극이나 충을 받고 있다.

- 원래 육합괘이나 일이 세효와 관을 충극하니 화합은 어렵다.

	천풍구 ⇐		택화혁		감수(坎水)궁		
현무	官戌	I	官未	X	身		
백호		I	父酉	I			未월
등사		I	兄亥	I	世		乙亥일
구진	父酉	II	兄亥	X	命	財午	공망 申酉
주작		II	官丑	II			
청룡		I	孫卯	I	應		

남편과의 관계?

● 세효를 중심으로 관효를 본다.

● 세효는 亥水로 월에서 극을 당하고 일에서 비화되고 있다.

● 3효가 동하여 회두극되며 세효를 돕는다.

● 상효 관이 동하여 진신이 되면서 세효를 극한다.

● 세효가 남편에게 시달리고 있는 상이다.

● 남편 관은 월에서 비화되고 일에서 휴수되고 있다.

● 중간에서 부효 金이 중재를 하면 해결될 수 있다.

● 酉金은 현재는 공망이니 출공되는 酉일이나 酉월이면 남편과의 관계가
  좋아질 것이다.

혼인점(婚姻占)

- 세효는 점을 치러 온 사람이고, 응효는 결혼할 상대자이다.
- 관이 신랑감이고, 재가 신부감이다.
- 부효는 주혼자이고, 간효는 중매자이다.

- 자식 혼인은 손을 용신으로 보고, 형제간 혼인은 형을 용신으로 한다.
- 당사자 본인이 점칠 때는 신부는 재, 신랑은 관이 용신이다.
- 부모가 자식의 점을 칠 때는 손이 용신이다.

- 남자의 경우 재는 상대 여성, 응효는 여성의 집이다.
- 여자의 경우 관이 상대 남성이고 응효는 남자의 집이다.

- 혼인점의 경우에 남자는 재를 용신으로 하고, 여자는 관을 용신으로 한다.

- 남자점에서 세효가 응효를 생하면 남자 집에서 먼저 원하고,
  응효가 세효를 생하면 여자 집에서 먼저 원한다.
- 여자점에서는 반대이다.

- 세효가 동하여 응효와 생합하면 이쪽에서 청혼하고,
  응효가 동하여 세효와 생합하면 저쪽에서 청혼하니 빨리 성혼된다.

- 남자가 점칠 때는, 재가 지세하면 길하고 형이 동하면 인연이 아니다.
- 여자가 점칠 때는, 관이 지세하면 길하고 손이 동하면 인연이 아니다.

- 남자 쪽에서는, 세효가 양(陽)이고 응효가 음(陰)이면 길하다.
- 여자 쪽에서는, 세효가 음(陰)이고 응효가 양(陽)이면 길하다.
- 반대가 되면 반목하게 된다.

- 용신이 유기하면 길하고, 무기하면 불길하다.
- 유기는 무공망, 무휴수, 무파재를 말한다.

- 남자가 점칠 때 재가 교중(交重)하거나
  여자가 점칠 때 관이 강하면 재혼 가능성이 있다.

- 형이 동하면 처첩이 불화하고, 손이 동하면 시집과 불화한다.
- 재가 동하면 시어머니와 불화하고, 관이 동하면 시누이와 불화한다.

- 용신이 공망을 만나면 불길한 것으로 판단한다.

- 남자가 재공이면 아내가 불안하고, 여자가 관공이면 남편이 불안하다.

- 남자의 점에서 재가 동하여 타효와 합을 하면
  상대편 여자는 다른 사람과 인연을 맺는다.

- 재가 타효와 합하거나 합이 많으면
  상대가 나와 인연이 없고 타인과 결혼한다.

- 세효와 응효가 비화되고 일진과 월령이 세효와 응효를 생하거나
  간효가 동하여 세효와 응효를 생하면 중매로 성혼이 된다.

- 세효와 응효가 충극이 되었을지라도 간효가 동하여 통관시키면 중매인
  때문에 성혼이 된다.
- 세효와 응효가 충극이 되면 흉하지만 동하여 일진과 생합이 되면 성혼
  이 된다.

- 남자 쪽에서는 여자를 볼 때, 세효에 관이 놓이고 응효에 재가 놓이면
  길하다.
- 재가 두 개이면 재취(再娶)하고, 재가 공망이 되면 상처(喪妻)한다.
- 여자 쪽에서는 남자를 볼 때, 세에 재가 놓이고 응효에 관이 있으면 여
  자가 주인 노릇을 하지만 결국 길하다.

- 육합괘는 성혼에 긍적적이지만 일진이 세효와 응효를 충하거나
  효가 동하여 육충괘로 되면 합처봉충(合處逢冲)으로 성혼이 좋지 않다.

- 육충괘는 혼인이 이루어지지 않고 성사되어도 일생 풍파가 있다.
- 육충괘가 육합괘가 되면 선흉후길(先凶後吉)하니 혼인해도 무방하다.
- 남자가 점칠 때, 세효가 동하여 재와 합하거나 재가 동하여 세효와 합하면 성혼이 된다.

- 세효와 응효가 둘 다 공망이 되면 헛수고가 된다.
- 혼인점은 재나 관이나 부가 동하는 것을 꺼린다.

- 두 개 이상의 용신이 모두 발(發)하면 양가에서 한 사람을 놓고 쟁혼(爭婚)한다.
- 혼인점에서 용신이 중첩되면 경쟁자가 많은 경우이다.

- 남자에게 재가 중첩되면 남자에게 많은 여자가 있을 가능성이 크다.
- 여자에게 관이 중첩되면 여자에게 많은 남자가 있을 가능성이 크다.

- 용신이 타효를 합하면 상대방이 다른 곳에 정(情)을 준다.
- 세효와 응효가 상생되거나 간효가 세효와 응효를 생하면 성혼이 된다.

- 남자의 점에서 형이 동하면 재를 파한다.
  이때 관이 동하여 형을 억제하면 좋으나 관재구설수를 동반한다.

- 기신이 지세하거나 동하면 혼인이 어렵다.
  그러나 기신이 용신과 합이 되면 성혼이 된다.

- 간효 중에 기신이 있어 동하는 경우에는 가까운 사람이나 중매인이 방해한다.

  그러나 원신이 동하여 통관시켜주면 중매인 등에 의해 성혼이 된다.

- 여자 쪽에서는 관이 중첩되면 개가(改嫁)하고 관이 공망이 되면 상부(喪夫)한다.

- 남자의 점에서 재가 지세하고 응효에 관이 있으면 여자가 득세한다.
- 괘 중에 간효 두 개가 모두 동하면 중매인이 많다.

- 세효가 응효를 생하거나 동하여 응효와 생합하면 내가 먼저 청혼이다.
- 응효가 세효를 생하거나 동하여 세효와 생합하면 상대방이 먼저 청혼이다.

- 여자의 점에서 관이 동하여 세효가 아닌 타효와 합을 하면 다른 사람과 혼인한다.
- 남자의 점에서 재가 동하여 세효가 아닌 타효와 합을 하면 다른 사람과 혼인한다.

- 남자의 점에서 세효가 동하여 재와 합하면 성혼이 된다.
- 남자의 점에서 형효가 동하면 혼인을 하려는 여자가 다른 곳으로 시집 간다.

- 세효와 응효가 상생 또는 비화되면 길하고 상극되면 흉하다.
- 육합괘가 일진의 충극이나 변효로 인하여 육충괘가 되면 혼인이 불길하다.

- 세효와 응효가 상극되어도 간효가 동하여 통관시키면 혼인은 이루어진다.
- 응효가 안정하여 세효와 생합하면 쉽게 이루어진다.

- 응효가 동하여 형충파나 공망을 만나면 혼인이 쉽게 되지 않는다.
- 세효와 응효가 모두 공망이 되면 헛수고만 한다.

- 상괘와 하괘가 모양이 대조되면〔예 뢰산소과〕혼인은 성사되기 힘들다.
- 세효가 공망이 되거나 동하여 퇴신이 되면 혼인은 성립되지 않는다.

- 남자의 점에서 형효가 동하면 그 여자는 인연이 아니다.
- 여자의 점에서 관이 세효에 있으면 이름다운 인연이다.

- 세효가 왕하고 응효가 쇠하면 상대편의 가세가 더 약하고,
  응효가 왕하고 세효가 약하면 내 쪽의 가세가 더 약하다.

- 남자의 점에서 세효가 동하여 재와 합하면 혼인이 성립된다.
- 남자의 점에서 재가 동하여 세효와 합을 해도 혼인이 성립한다.

- 세효가 동하여 응효와 생합하면 내편에서 혼인을 원하는 것이다.
- 응효가 동하여 세효와 생합하면 상대편에서 혼인을 원하는 것이다.

- 세효가 동효 및 일진의 충극을 받으면 이루어지지 않는다.
- 세효와 응효가 모두 충극을 받으면 성혼은 힘들다.
- 세효와 응효가 모두 일진의 생합을 받으면 혼인은 성사된다.

- 응효가 세효를 생합하면 순조롭고 금슬도 좋다.
- 손이 상해를 받으면 혼인 후 자식을 얻기가 어렵다.

- 중매인 간효가 세효와 응효를 생해주면 성취된다.
- 괘 중에 간효가 두 개 동하면 주변에 말이 많아 혼인이 어렵다.

- 여자의 점에서 관이 재에 은복되면 이미 여자 있는 남자이다.
- 남자의 점에서 재가 관에 은복되면 여자가 이미 다른 남자가 있다.

		화풍정 ⇐ 뢰풍항		진목(震木)궁		
등사	孫巳	l	財戌	X	應	
구진		ll	官申	ll		亥월
주작		l	孫午	l	身	庚子일
청룡		l	官酉	l	世	공망 辰巳
현무		l	父亥	l	兄寅	
백호		ll	財丑	ll	命	

남성의 혼인점

- 여자에 관한 것이니 재가 용신이다.
- 용신인 재가 월일에서 휴수되고 있다.
- 상효의 재가 동하여 변효의 생을 받고 있다.
- 그러나 변효 巳火는 공망이다.
- 용신을 생하는 원신인 4효의 午火는 월일에서 충극을 당한다.

			리위화 ⇐ 화산려		이화(離火)궁		
청룡		I	兄巳	I			
현무		II	孫未	II	身		寅월
백호		I	財酉	I	應		丁卯일
등사		I	財申	I		官亥	공망 戌亥
구진		II	兄午	II	命		
주작	父卯	I	孫辰	X	世	父卯	

남자 결혼점

- 남자 혼인에 관한 용신은 재이다.
- 두 개의 재가 월일에서 극이나 파를 당하니 좋지 않다.
- 초효의 원신은 동하여 회두극을 당해 용신에 도움이 안 된다.
- 결혼 성사는 힘들다.

			산지박 ⇐ 산화비		간토(艮土)궁		
청룡		I	官寅	I			
현무		II	財子	II			亥월
백호		II	兄戌	II	身應		丙寅일
등사	官卯	II	財亥	X		孫申	공망 戌亥
구진		II	兄丑	II		父午	
주작	兄未	II	官卯	X	命世		

여자 결혼점

- 여자는 재가 용신이고 관과 화합이 되면 좋다.

- 재도 두 개이고 관도 두 개다.

- 주변이 혼란스럽다.

- 3효의 재가 동하여 관이 된 것은 긍정적이다.

- 그러나 3효의 亥는 상효의 寅과 寅亥합이니 다른 남자도 있다.

		천풍구 ⇐ 화풍정		이화(離火)궁		
현무		|	兄巳	|	身	
백호	財申	|	孫未	✗	應	丑월
등사		|	財酉	|		乙丑일
구진		|	財酉	|	命	공망 戌亥
주작		|	官亥	|	世	
청룡		||	孫丑	||		父卯

여자가 보는 혼인점

- 여자가 보는 신랑감은 관이 용신이니 2효의 亥水이다.

- 용신 亥水는 월일에서 극을 받고 현재 공망이다.

- 5효가 동하여 용신을 극한다.

- 결혼하기 힘들다.

- 남자는 원신인 재가 많으니 주변에 여자가 많다.

	산화비 ←	리위화		이화(離火)궁	
백호		I	兄巳	I	身 世	
등사		II	孫未	II		未월
구진	孫戌	II	財酉	✗		癸亥일
주작		I	官亥	I	命 應	공망 子丑
청룡		II	孫丑	II		
현무		I	父卯	I		

혼인점

- 남자쪽에서 여자와 결혼하려고 한다.
- 여자는 재가 용신이니 4효에서 동한 酉金이 용신이다.
- 용신은 월에서 생을 받고, 일에서 휴수되고 있다.
- 용신은 회두생되어 긍정적이다.
- 혼인은 순조롭게 진행될 것이다.

	곤위지 ←	지수사		감수(坎水)궁	
백호		II	父酉	II	應	
등사		II	兄亥	II		丑월
구진		II	官丑	II	命	癸未일
주작		II	財午	II	世	공망 申酉
청룡	財巳	II	官辰	✗		
현무		II	孫寅	II	身	

여자가 보는 남자 혼인점

- 남자는 관이 용신이니 2효의 辰土가 용신이다.
- 4효에도 관이 있으나 동한 효를 용신으로 잡는다.
- 용신은 동하여 회두생되고 월일에서 비화되고 있다.

- 남자는 변효에게 회두생되고 3효에도 재가 있으니 주변에 여자가 많다.
- 남자에게 재가 많거나 여자에게 관이 많으면 이성이 많다는 뜻이다.

			감위수 ⇐ 풍수환		이화(離火)궁		
현무	官子	‖	父卯	✗	身		
백호		｜	兄巳	｜	世		午월
등사		‖	孫未	‖		財酉	乙亥일
구진		‖	兄午	‖	命	官亥	공망 申酉
주작		｜	孫辰	｜	應		
청룡		‖	父寅	‖			

신붓감이 있을까?

- 신부효는 재가 용신이니 복신으로 있는 酉金이다.
- 복신 酉金은 월일에서 휴수되고 있다.
- 동효 상효는 회두생되어 힘 있게 복신이 나오는 것을 막는다.
- 복신은 현재 공망이다.
- 신부를 구하는 것은 지금은 힘들다.

			감위수 ⇐ 수택절		감수(坎水)궁		
현무		‖	兄子	‖	身		
백호		｜	官戌	｜			亥월
등사		‖	父申	‖	應		甲子일
구진		‖	官丑	‖	命		공망 戌亥
주작		｜	孫卯	｜			
청룡	孫寅	‖	財巳	✗	世		

신붓감 구하기?

- 신부효는 초효에서 동한 재가 용신이다.

- 재는 지세하고 동하여 변효에게 회두생이 된다.
- 용신이 월일에서 극을 당하고 있다.
- 월은 공망이니 힘이 없다.
- 큰 환경에서는 신부를 얻기 힘들지만 지금은 회두생으로 좋은 운이다.
- 寅월이나 巳월에 좋은 소식 있겠다.

		지풍승	⇐	수천수		곤토(坤土)궁		
백호		‖	財子	‖	命			
등사	財亥	‖	兄戌	✗				申월
구진		‖	孫申	‖	世			壬戌일
주작		l	兄辰	l	身			공망 子丑
청룡		l	官寅	l		父巳		
현무	兄丑	‖	財子	✗	應			

여자가 남자와 결혼할 수 있을까?

- 여자의 결혼은 관이 용신이니 2효에 있는 寅木이다.
- 용신 寅木은 월파되고 일에서 휴수된다.
- 원신인 초효는 동하여 용신을 생하려고 하지만 회두극이다.
- 5효도 동하여 용신의 힘을 빼니 남자를 만나기 힘들다.

		화풍정	⇐	뢰풍항		진목(震木)궁		
백호	孫巳	l	財戌	✗	應			
등사		‖	官申	‖				寅월
구진		l	孫午	l	身			癸酉일
주작		l	官酉	l	世			공망 戌亥
청룡		l	父亥	l		兄寅		
현무		‖	財丑	‖	命			

남자의 청혼 성사 여부에 관한 점이다

- 일단 상효에 있는 재가 동했다.

- 재가 동하여 변효에게 생을 받으니 회두생이 되었다.

- 회두생을 받은 것은 긍정적이나 戌土가 공망이다.

- 그리고 월에게 극을 당하고 일에서 설기된다.

- 부정적인 요소가 있지만 응효가 세효를 생하고 있다.

- 적극적이지는 않지만 여자가 나를 생하니 성혼이 된다.

- 戌월이나 戌일에 성사될 수 있다.

	간위산 ⇐	산화비	간토(艮土)궁			
현무		I	官寅	I			
백호		II	財子	II			子월
등사		II	兄戌	II	身應		乙酉일
구진		I	財亥	I		孫申	공망 午未
주작		II	兄丑	II		父午	
청룡	兄辰	II	官卯	✗	命世		

남편과 이혼 가능?

- 남편에 관한 것은 관이 용신이니 초효의 卯木이다.

- 관은 월에서 생을 받고 있고 일에서 충이 되고 있다.

- 본괘는 세효와 응효가 卯戌합을 이루었으나 변효에 의해 진술충이 되었다.

- 여자에게는 상효의 관도 있으니 다른 남자도 있을 것이다.

	뇌천대장 ⇐	지택림	곤토(坤土)궁		
등사		‖	孫酉	‖		
구진		‖	財亥	‖	應	申월
주작	父午	l	兄丑	⅄	身	庚辰일
청룡	兄辰	l	兄丑	⅄		공망 申酉
현무		l	官卯	l	世	
백호		l	父巳	l	命	

남자가 보는 혼인점

- 남자의 상대는 여자이니 재를 용신으로 한다.
- 응효를 참고하기도 한다.
- 5효에 있는 亥水가 용신이다.
- 응효가 세효를 생하니 상대가 나를 좋아하고 있다.
- 용신이 월에서 생을 받고, 일에서 극을 당한다.
- 3효가 동하여 진신이 되며 용신을 극한다.
- 4효도 동하여 회두생되며 용신을 극한다.
- 혼인하지 않는 것이 좋다.

	산뢰이 ⇐	이위화	이화(離火)궁		
청룡		l	兄巳	l	身 世	
현무		‖	孫未	‖		卯월
백호	孫戌	‖	財酉	⅄		丁巳일
등사	孫辰	‖	官亥	⅄	命 應	공망 子丑
구진		‖	孫丑	‖		
주작		l	父卯	l		

남자의 구혼점

- 남자가 여자에게 구혼하니 용신은 4효에서 동한 酉金가 용신이다.
- 용신은 동하여 회두생되고 월에서 충을 맞고 일에서 극이 되고 있다.
- 3효가 동하여 회두극되면서 용신의 힘을 뺀다.
- 이 혼인은 성사되기 어렵다.

			← 천지비		건금(乾金)궁		
청룡			父戌	I	應		
현무			兄申	I			戌월
백호			官午	I	身		丁酉일
등사			財卯	II	世		공망 辰巳
구진			官巳	II			
주작			父未	II	命	孫子	

남자가 보는 혼인점

- 상대방 여자는 재성이 용신이다.
- 용신이 지세하여 여자와 인연이다.
- 3효에 있는 卯木은 월과 합이 되고 일에 충을 맞았다.
- 인연이 있어 혼인이 되어도 오래 가지는 못한다.
- 차라리 하지 않는 것이 낫다.

		화산려	←	이위화		이화(離火)궁		
현무		I		兄巳	I	身 世		
백호		II		孫未	II			申월
등사		I		財酉	I			甲寅일
구진		I		官亥	I	命 應		공망 子丑
주작		II		孫丑	II			
청룡	孫辰	II		父卯	✗			

신부가 보는 혼인점

- 신랑은 남자이니 관을 용신으로 보고 세효와 응효를 참고한다.
- 관은 3효에 있는 亥水이다.
- 용신 亥水는 월에서 생을 받고 일에서 합이 된다.
- 현재는 합으로 묶여 답답하니 점을 친 것이다.
- 세효와 응효는 충이 되고 합으로 묶여 시간을 두고 보는 것이 좋다.

		산수몽 ⇐ 풍천소축		손목(巽木)궁			
백호		I	兄卯	I			
등사	父子	II	孫巳	✗			丑월
구진		II	財未	II	應命		壬戌일
주작	孫午	II	財辰	✗		官酉	공망 子丑
청룡		I	兄寅	I			
현무	兄寅	II	父子	✗	身世		

알고 있는 남자와 잘 될까?

- 여자가 본 점이니 여자는 세효이고 남자는 관효를 본다.
- 세효는 공망이 된 월과 극합이 되고 있고, 일에서도 극을 당하고 있으며 현재 공망이다.
- 남자 관은 복신으로 있는 酉金인데 비신과 辰酉합이다.
- 3효의 진이 동하여 회두생으로 복신을 품고 있는 비신이 힘이 있다.
- 3효는 일에서 충이 되고 있으며, 丑은 현재 공망이다.
- 5효의 巳火가 동하여 회두극이 되어 세효와 관효의 힘을 뺀다.
- 일에서 충이 되는 3효의 辰土가 복신을 생하니 남자에게 연락이 온다.
- 점을 친 여자는 출공되는 子일 戌시에 남자를 만났다.

이사점(移徙占)

- 이사의 방향을 볼 때는 세효가 용신이 된다.
- 세효의 왕쇠를 살펴 방향을 정한다.

- 거주 목적으로 이사할 때는 부가 용신이다.
  이때 부가 동하여 세효를 극하면 흉하다.
- 또 세효가 휴수하거나 무기하고 관이 지세하여 세효를 극하면 역시
  흉하다.

- 세효와 내괘가 현거주지이고, 응효와 외괘가 이사 가서 살 곳이다.

- 내괘 또는 세효는 현재의 내 집이다.
- 이사점에 세효가 동하면 길하다.
- 세효가 동해도 공망이 되면 그만 두는 것이 좋다.

- 외괘가 내괘를 극하거나 응효가 세효를 극하면
  새로운 집이 좋으니 이사 가는 것이 좋다.

- 내괘가 외괘를 극하거나 세효가 응효를 극하면
  헌집이 길하니 이사 가지 않는 것이 좋다.

- 세효와 응효가 상생을 이루면 이사 후에 매사가 길하다.
- 관이 동하여 손으로 변하면 이사 후에 부귀하다.
- 재가 동하여 관으로 변하면 이사 후 태평하다.

- 내괘가 외괘를 생하면 이사 가는 것이 길하다.
- 택효가 동하거나 내괘에 부가 동하면 이사하게 된다.

- 재가 왕상하여 부를 극하면 재앙이 있다.
- 손이 동하면 이사 후 좋아진다.
- 형이 동하면 이사 후 재앙이 있다.

- 세효가 관으로 화(化)하거나 회두극이 되어도 흉하다.

- 이사할 때 육충, 반음, 유혼, 귀혼 등이 되면 이사가 여의치 않다.
- 이사해도 다시 하게 된다.

- 이사점에 복음괘가 나오면 현지를 지킬 수 없으니 그 자리에 있어도
  불리하다.

- 택효나 부가 또는 복음이 되면 이사하기 어렵고,
  퇴신이 되거나 반음이 되면 이사를 해도 다시 하게 된다.

- 세효와 응효가 상생이 되면 길하지만 세효가 동해도 공망이 되면
  이사 가지 않는 것이 길하다.

- 택효에 관이 놓여 왕상하면 그 집에 입주하지 말아야 한다.

- 이사의 방위는 세효를 생하는 방향이 좋다.
- 세를 극하는 방향은 흉하다.
  그러나 관이 지세할 때는 세효를 극하는 방향도 좋다.
  이때 세효는 왕해야 한다.

- 백호 관, 형이 동하면 이사로 인한 손재와 재앙이 있을 수 있으니,
  이사를 안 하는 것이 좋다.

- 택효가 동하여 세효를 생하면 근년에 이사한다.
- 택효가 동하여 회두극이 되면 이사할 생각은 있으나 어렵고,
  이사하게 되면 불길하다.

- 세효의 육친과 왕쇠로 가옥이 헌 집인지 새 집인지 알 수 있다.
- 형이 세효에 있으면 살던 집이고, 손이 세효에 있으면 새 집이다.

- 재가 세효에 있으면 좋은 집이고, 관이 세효에 있으면 수리해야 할 집이다.
- 부가 세효에 있으면 헌 집이다.

- 세효의 육친과 육수 및 동효의 육친과 육수로 이사의 길흉을 본다.
- 택효의 비신으로 이사의 방향을 본다.

- 초효가 왕상하면 농촌이 좋고,
- 2효가 왕상하면 읍면이 좋다.
- 3효가 왕상하면 시장이나 상업지대가 좋고,
- 4효가 왕상하면 해변이나 항구 도시가 좋다.
- 5효가 왕상하면 서울이나 대도시가 길하고,
- 상효가 왕상하면 산촌이나 교외가 좋다.

- 이사점에서 세효와 응효가 상생이 되면 길하다.
- 세효가 동해도 공망이 되면 그 집에 눌러 사는 것이 길하다.

- 택효에 관이 놓여 왕상하면 그 집에 입주하면 좋지 않다.
- 이사점에서 형이 동하면 손재나 구설이 있다.

- 이사점에서 손이 동하면 이사하는 것이 좋으나 남편에게 근심이 있다.

- 이사점에서 재가 동하면 발재(發財)하지만
  가옥에 문제 생기고 부가 손상된다.

- 택효가 암동하면 타의(他意)에 의해 이사하게 된다.
- 택효가 동하여 세효를 생하면 머지않아 이사하게 된다.

- 택효가 동하여 회두극되면 이사하려 해도 어렵고 이사하면 불길하다.
- 이사점에 복음괘가 나오면 현 장소를 지키지 못한다.

- 택효나 부가 퇴신이 되거나 반음이 되거나 복음이 되면 이사하기 어렵다. 이 경우 이시하면 또 하게 된다.

- 이사점에서 관이 동하면 질병과 관재가 생긴다.
- 이사점에서 부가 동하면 힘들고 상심하며 자손에게 근심이 있다.

- 6개의 효가 모두 안정되었을 때 이사하면 좋지 않다.
- 6개의 효가 모두 난동해도 이사하면 좋지 않다.

- **진정(盡靜)** : 육효에 동효가 하나도 없이 모두 안정된 것
- **진발(盡發)** : 육효가 모두 동하여 정신이 없는 것

		뢰화풍 ←	이위화	이화(離火)궁		
등사	孫戌	∥	兄巳	✗	身 世	
구진		∥	孫未	∥		午월
주작		┃	財酉	┃		辛巳일
청룡		┃	官亥	┃	命 應	공망 申酉
현무		∥	孫丑	∥		
백호		┃	父卯	┃		

이사점

● 이사점은 세효가 용신이니 상효의 巳火이다.

● 용신은 월일에서 비화되어 힘이 있다.

● 이사는 세효를 생하는 木 방향이 길하다.

● 동쪽으로 이사하면 좋을 것이다.

		수화기제 ←	지산겸	태금(兌金)궁		
청룡		∥	兄酉	∥	身	
현무	父戌	┃	孫亥	✗	世	午월
백호		∥	父丑	∥		丙辰일
등사		┃	兄申	┃	命	공망 子丑
구진		∥	官午	∥	應 財卯	
주작	財卯	┃	父辰	✗		

이사하면 좋을까?

● 가택 이사는 문서가 이동하니 부가 용신이다.

● 초효에서 동한 용신 辰土가 회두극되고 있다.

● 용신은 월에서 생을 받고 일에서 비화되어 힘을 받는다.

● 5효에서 동한 亥水도 회두극되며 용신을 휴수시킨다.

- 초효는 가장, 2효는 안주인, 5효는 가족을 나타내니 참고한다.

- 누구에게 좋고 누구에게 좋지 않은지를 파악할 수 있다.

		태위택	⇐	수택절	감수(坎水)궁	
현무		‖	兄子	‖	身	
백호		l	官戌	l		亥월
등사	兄亥	l	父申	⨯	應	甲辰일
구진		‖	官丑	‖	命	공망 寅卯
주작		l	孫卯	l		
청룡		l	財巳	l	世	

이사점

- 이사는 세효가 용신이니 초효에 있는 巳火이다.

- 용신은 월에서 충이 되고 일에서 휴수된다.

- 4효가 동하여 용신을 휴수한다.

- 이사의 방향은 용신을 생하는 방향이 좋다.

- 용신을 생하는 木 방향인 동쪽이면 좋고 다른 방향은 흉하다.

		지화명이	⇐	뢰화풍	감수(坎水)궁	
현무		‖	官戌	‖	命	
백호		‖	父申	‖	世	酉월
등사	官丑	‖	財午	⨯		甲寅일
구진		l	兄亥	l	身	공망 子丑
주작		‖	官丑	‖	應	
청룡		l	孫卯	l		

임대한 장소로 이사점

- 임대는 부가 용신이고 이사는 세효가 용신이니 병행해서 본다.
- 부와 세효가 같이 5효에 있다.
- 용신은 5효에 있는 申金으로 월에서 비화되고 일에서 충이 된다.
- 4효가 동하여 용신을 극하니 이사를 안 하는 것이 좋다.

육신			수화기제 ⇐ 지산겸		태금(兌金)궁		
등사		‖	兄酉	‖	身		
구진	父戌	Ⅰ	孫亥	⚊	世		巳월
주작		‖	父丑	‖			庚午일
청룡		Ⅰ	兄申	Ⅰ	命		공망 戌亥
현무		‖	官午	‖	應	財卯	
백호	財卯	Ⅰ	父辰	⚊			

이사점

- 5효에 있는 용신 세효가 동하여 회두극된다.
- 세효는 월에서 충을 당하고 일에서 휴수되고 있으니 불길하다.
- 세효는 현재 공망이다.
- 초효가 동하여 세효를 입묘시키면서 극을 한다.
- 초효는 회두극된다.
- 세효가 현재는 공망이지만 출공하는 시기에 문제가 생기니 불길하다.

		수산건 ⇐	수천수		곤토(坤土)궁		
등사		‖	財子	‖	命		
구진		｜	兄戌	｜			辰월
주작		‖	孫申	‖	世		庚寅일
청룡		｜	兄辰	｜	身		공망 午未
현무	父午	‖	官寅	✗		父巳	
백호	兄辰	‖	財子	✗	應		

이사점

- 4효에 있는 세효가 용신이다.

- 세효는 월에서 생을 받으나 일에서 충을 당한다.

- 2효가 동하여 세효와 충으로 불길하니 당분간 이사하지 않는 것이 좋다.

		택천쾌 ⇐	택화혁		감수(坎水)궁		
등사		‖	官未	‖	身		
구진		｜	父酉	｜			申월
주작		｜	兄亥	｜	世		辛卯일
청룡		｜	兄亥	｜	命	財午	공망 午未
현무	孫寅	｜	官丑	✗			
백호		｜	孫卯	｜	應		

이사점

- 이사는 택효(2효)와 문서인 부를 함께 참고한다.

- 택효가 동하여 회두극이 되니 부정적이다.

- 2효는 월에서 휴수되고 일에서 극을 당하니 이사를 안 하는 것이 좋다.

- 5효의 문서는 월에서 비화되지만 일에서 충이 되니 역시 좋은 것이 아
  니다.

			산천대축 ⇐ 화천대유		건금(乾金)궁	
현무		I	官巳	I	應	
백호		II	父未	II	身	戌월
등사	父戌	II	兄酉	✗		甲辰일
구진		I	父辰	I	世	공망 寅卯
주작		I	財寅	I	命	
청룡		I	孫子	I		

남쪽으로 이사 가능?

- 이사는 역마와 관련이 있다.

- 3효에 있는 세효는 부효로서 辰土이니 움직임이 없다.

- 세효는 월파당하고 일진과 진진형으로 비화된다.

- 4효가 동하여 회두생을 받지만 일진과 합으로 묶였다.

- 세효는 움직일 힘이 없다.

- 이사를 안 가는 것이 좋겠다.

			지화명이 ⇐ 지산겸		태금(兌金)궁	
청룡		II	兄酉	II	身	
현무		II	孫亥	II	世	午월
백호		II	父丑	II		丙辰일
등사		I	兄申	I	命	공망 子丑
구진		II	官午	II	應	財卯
주작	財卯	I	父辰	✗		

학교 관사로 이사?

- 관사나 사택은 부가 용신이다.

- 초효에 있는 辰土가 용신으로 회두극을 당한다.

- 용신은 월에서 생을 받고 일과 진진형으로 비화되고 있다.
- 이사는 주인공인 세효가 좋아야 한다.
- 동효가 세효를 극하면서 입묘시키니 좋은 징조가 아니다.
- 辰土가 회두극에서 해방되면 흉한 일이 있을 것이다.

			산수몽 ⇐ 손위풍		손목(巽木)궁		
등사		I	兄卯	I	世		
구진	父子	II	孫巳	✗			酉월
주작		II	財未	II	身		辛巳일
청룡	孫午	II	官酉	✗	應		공망 申酉
현무		I	父亥	I			
백호		II	財丑	II	命		

부모 집으로 들어갈까?

- 집은 부가 용신이니 2효에 있는 亥水가 용신이다.
- 亥水는 월에서 생을 받고 있고, 일에게 충을 당하고 있다.
- 3효가 동하여 회두극되며 용신을 생하나 酉金은 현재 공망이다.
- 5효가 동하여 회두극되며 巳亥충이 된다.
- 寅申巳亥는 역마나 지살에 해당하여 동하면 이동수가 있다.
- 원신인 酉金이 출공되는 이 달에 이사할 운이다.

			손위풍 ⇐	천풍구	건금(乾金)궁		
청룡		I	父戌	I			
현무		I	兄申	I	命		丑월
백호	父未	II	官午	✗	應		丁卯일
등사		I	兄酉	I			공망 戊亥
구진		I	孫亥	I	身	財寅	
주작		II	父丑	II	世		

이사점

- 집을 사서 이사하는 점은 부를 용신으로 한다.

- 보통 부는 건물을 나타내고 세효는 택지로 본다.

- 초효에 있는 부는 월과 비화되고 일에게 극을 당한다.

- 4효의 午火가 동하여 부를 생한다.

- 동한 4효는 일에게 생을 받고 변효와 午未합이 된다.

- 용신 부가 건왕하니 이사해도 좋다.

- 이사의 방향은 세효를 생하는 火, 즉 남쪽이 좋다.

			천산둔 ⇐	택풍대과	진목(震木)궁		
현무	財戌	I	財未	✗	身		
백호		I	官酉	I			巳월
등사		I	父亥	I	世	孫午	甲辰일
구진		I	官酉	I	命		공망 寅卯
주작	孫午	II	父亥	✗			
청룡		II	財丑	II	應		

금년에 이사 가능?

- 주택 이사는 부가 용신이니 2효에 있는 亥水이다.

- 용신은 월에게 충을 당하고 일에게 극을 당한다.

- 또 상효에서 동한 未土가 용신을 극하니 이사는 힘들다.

- 이사점에서 육충괘나 반음, 유혼괘, 귀혼괘는 좋지 않다.

		감위수 ⇐	지수사	감수(坎水)궁		
주작		‖	父酉	‖	應	
청룡	官戌	┃	兄亥	Ⅻ		亥월
현무		‖	官丑	‖	命	戊子일
백호		‖	財午	‖	世	공망 午未
등사		┃	官辰	┃		
구진		‖	孫寅	‖	身	

서울에서 부산으로 가는 이사점

- 주택의 이사는 문서가 움직이니 부를 용신으로 하고 택효를 참고한다.

- 상효에 있는 부효 酉金은 월일에서 휴수되고 있다.

- 5효가 동하여 회두극당하며 용신의 힘을 뺀다.

- 2효 택효도 동하지 않고 월일에서 휴수된다.

- 5효 형효가 동하여 세효를 극하니 이사를 가지 않는 것이 좋다.

질병점(疾病占) · 병증(疾症)

● 본인의 병점은 세효로 보고 대신 점을 볼 때는 육친법에 의한다.

● 어느 점이든 용신이 건왕하고 기신이 휴수하거나 충극이 되면 좋다.

● 남편이 처의 점을 칠 때는 손이 아니라 재를 용신으로 한다.

● 남편점에서는 관이 용신이고, 부모점은 관이 원신이니 관이 왕해야 길하다.

● 형이 동하면 처에게 산액(産厄)이 있고, 부가 동하면 태아가 불길하다.

● 병(病)의 증세는 관이니, 관의 동태로 병증(病症)을 알아본다.

● 관살(官殺)이란 관이 기신일 때를 말한다.

● 무조건 관이 나쁜 것은 아니다.

  즉 관이 왕하면 질병이 중(重)하고 위험하지만

수명점에서는 용신, 원신, 기신은 정하면 좋다.

수명점에서는 용신, 원신, 기신이 동하면 흉하다.

● 관이 괘 중에 없으면 병을 얻은 원인을 알 수 없다.

● 관이 내괘에 있으면 집안에서 병을 얻고,

　관이 외괘에 있으면 밖에서 병을 얻는다.

● 관이 세효에 있으면 오래된 시병(特病)이고,

　용신이 상(傷)했으면 구병(久病)이 재발한 것이다.

● 세효와 응효와 관이 삼합을 이루면 전염병이고,

　응효나 관이 세효와 합이 되면 전염이 된 것이다.

● 질병점에서는 괘 중에 손이 없으면 약을 먹거나 기도해도 소용없다.

　그러나 부모, 장모, 남편의 질병에는 손이 있으면 안 된다.

● 신(身)이나 명(命)이 백호를 만나면 어렵지만

　그러나 이때도 손이 동하면 괜찮다.

● 신명(身命)이 같이 공망을 만나도 흉액이 있을 수 있다.

● 육효가 하나도 동하지 않으면 낫기 어렵다.

● 관이 생을 받아 왕하고 명(命)이 사(死)에 이르면 낫기 어렵다.

- 관이 이중으로 출현하면 치료가 더디다.
- 재가 지세하면 관을 생하니 병이 중하여지는데, 관이 왕해질 때 위험하다.
- 관이 왕할 때 재도 왕상하면 위험하다.

- 관이 유기하면 꺼리고, 관이 은복되면 병의 뿌리가 깊은 것이다.
- 관이 지세하고 용신에 관이 있으면 일생 고질병이다.

- 관이 교중된 괘에 세효 또는 용신이 묘(墓)에 들면 흉액이 있을 수 있다. 이때 일진이 세효나 용신을 충하여 묘(墓)에서 나오면 무사하다.

- 관이 발동해도 일진이 관을 충하면 생명에는 지장이 없다.
- 원신이 왕하고 동하면 용신이 공파(空破)되거나 은복되어도 병이 낫는다.

- 기신이 왕하여 동하면 공파(空破)가 없어도 위험하다.

- 水가 동하여 火로 변하거나 火가 동하여 水로 변하면
  한(寒)과 열(熱)이 반복된다.

- 水火가 같이 동하고 수왕화쇠(水旺火衰)하면 한기가 있고 열은 적다.
- 水火가 같이 동하고 화왕수쇠(火旺水衰)하면 열이 많고 한기가 적다.

▶오행의 질병

목관(木官) ☞ 간장, 담낭, 정신혼잡

화관(火官) ☞ 심장, 소장(小腸), 풍한, 복통, 열, 목마름

토관(土官) ☞ 비장, 위장, 돌림병, 염병, 부종(浮腫), 구역질

금관(金官) ☞ 폐장, 대장, 뼈, 해소

수관(水官) ☞ 신장, 방광, 습진, 오한(惡寒), 동통(疼痛), 마음고통

- 손이 동하여 관을 극제하면 질병이 치료된다.
- 용신이 일진의 절(絶)에 이르러도 동한 타효가 용신을 생부하면 절처봉생으로 증세가 위험해도 치료된다.

- 부모 병점에서 관이 왕하면 무사하고, 형이 동하면 쾌유가 더디다.
- 부모 병점에서 손이나 재가 동하면 낫기가 힘들다.

- 리궁(離宮)에서 관이 동하여 亥子를 화출하면 담화(痰火)증이다.
- 태궁(兌宮)에 관이 동하면 입 속에 병이 있는데, 金관이면 치통이다.

- 세용이 절묘(絶墓)이고 공망이 되면 공망을 출공시키지 않으면 흉액이 있을 수 있다.
- 용신이 동하여 관으로 화(化)하여 회두극이 되면 흉액이 있을 수 있다.

- 관이 지세하면 경미한 것도 치료하기 힘들다.
- 손이 지세하면 병이 위중해도 치료된다.

- 부모와 남편점에 관이 은복되어 공망이 되면 회생 가망이 없다.
- 손이 일지와 같고 용신이 일진의 생을 얻으면 약효가 좋아 쾌차한다.

- 세 또는 용신이 일진이나 월령 그리고 동효의 생부를 받으면
  일진이나 월령 또는 동효가 세효나 용신을 형극할 때가 길하다.

- 관이 동하여 세효나 신(身)에 있으면 백약이 무효이다.
- 재가 왕하고 세효나 신(身)이 공망이어도 낫기 어렵다.

- 중병에는 백호나 살이 왕하거나 동하면 흉액이 있을 수 있다.
- 청룡이 손에 있고 용신이 온전하다면 좋아진다.

- 세효가 합으로 태왕하면 휴수묘절(休囚墓絕)처럼 위험하다.
- 용신이 휴수하여 원신에 의지하고 있을 때 원신이 충극 입묘되면 위태
  롭다.

- 관이 지세하면 뿌리가 깊은 지병(持病)이다.
- 세효가 묘에 들면 병이 깊지만 용신이 왕상하면 점차 쾌유된다.

- 응이나 관이 세효와 합이 되면 타인의 병이 옮았다.
- 육효 내에 재가 은복 또는 공망되면 식사를 제대로 못한다〔재=음식〕.

- 세응의 중간에 관이 있으면 가슴이 답답하다.

- 관이 절(絶)이면 병이 가볍고 용신이 생부되면 절처봉생(絶處逢生)한다.

- 병점에서 재는 음식을 나타낸다.
  그러므로 재가 공망이 되면 음식을 먹지 않는다.

- 부가 동하고, 세효가 휴수되고, 관이 생을 받아 왕해지면 백약이 무효
  이다.
- 형이 용신일 경우는 부가 동하여 관을 통관시키면 좋다.

- 관이 본궁에 있으면 집안에서 병을 얻었고, 외궁에 있으면 밖에서 병을
  얻었다.
- 관이 내괘에 있으면 내상(內傷)이고, 외괘에 있으면 외상(外傷)이다.

- 수명은 세효의 왕쇠로 판단한다.
- 세효가 왕상하면 부귀(富貴) 장수하고,
  세효가 휴수하고 공상(空傷)이면 빈천 혹은 단명한다.

- 5효에 신(身)과 관이 동시에 있으면 백약이 무효이다.
- 5효는 수도, 부모, 장남, 가장, 국가원수, 군주, 도로 등을 나타낸다.

- 용신이 독발(獨發)하여 회두극이나 퇴신이 되면 변효가 비화될 때 위태
  롭다.
- 용신이 쇠한데 기신이 합을 이루면 합된 것이 충이 될 때 흉하다.

- 원신이 왕하고 동할 때는 기신이 동해도 무해(無害)하다.

  그러나 원신이 충극되고 기신이 동하면서 왕하면 위험하다.

- 용신이 휴수하거나 무기하다면 충극되고 입묘될 때 위험하다.
- 용신이 회두극되고 퇴신이 되면 질병이 점점 깊어지는 상(象)이다.

- 질병점에서 관이 은복되고 공망이 되면 질병이 매우 깊다.

- 처 병점에서 관이 동하면 병이 심해지고 부효나 형이 동하면 위험하다.

- 형제 병점에서 부가 흥하고 형이 안정되면 근심이 없다.
- 형제 병점에서 손이 동해도 차도가 느리다.

- 남편 병점에서 형이나 손이 동하면 힘들다.
- 남편 병점에서 부가 충을 만나면 질병이 중하다.
- 남편 병점에서 관이 안정되고 재가 왕하면 희망이 있다.

- 자식 병점을 볼 때 관이 동하여 손으로 화(化)하면 자식이 위험하다.
- 자식 병점에서 형이 왕하고 손이 동하면 살아난다.
- 자식 병점에서 관이 왕하고 부가 동하면 낫기 힘들다.
- 자식 병점에서 재가 동하면 차도가 늦다.

- 부모의 병(病)에 형이 동하면 병(病)의 치료가 늦어진다.

- 부모의 병(病)에 손이나 재가 동하면 질병이 중(重)하게 되어 치료하기 힘들다.
- 부모의 병(病)에 관이 왕해지면 질병이 치료된다.

- 자손의 병(病)에 관이 동하여 손으로 변하면 질병이 깊어진다.
- 자손의 병(病)에 형이 왕하고 손이 동하면 질병이 치유된다.

- 병점에서 손효[의사, 약사, 간호사, 약]가 지세하먼 환자가 낫는다.
- 병점에서 관[귀신, 질병, 시체]가 지세하면 질병이 중(重)해진다.

- 병점에서 부가 지세하면 의사나 약의 효력이 없다.
- 병점에서 형이 지세하면 병(病)에 도움이 된다.
- 병점에서 재가 지세하면 질병이 더 중(重)해진다.

- 병점을 볼 때는 원신이 왕동(旺動)하면 용신이 상(傷)해도 무사하다.
  그러나 원신이 파극되고 무기하거나, 기신이 왕동(旺動)하여 용신을 파극하면 흉액이 있을 수 있다.

- 근병(近病)은 육합이면 흉액이 있을 수 있다.
  그러나 합처봉충(合處逢冲)되면 무사하다.

- 근병(近病)은 공망이 되면 즉시 낫지만 일진과 합이 되고 용신이 극을 받으면 출공할 때 흉액이 있을 수 있다.

- 구병(久病)은 육충이면 흉액이 있을 수 있다.

- 병점에는 관이 질병이고, 손이 약이며, 재가 음식이다.
- 관의 왕쇠로 병세의 경중을 보고, 손의 왕쇠로 약효를 본다.

- 관이 왕하면 질병이 위중하고, 관이 쇠하면 질병이 가볍다.

- 관이 화(化)하여 진신이 되면 병세가 악화되고,
  관이 화(化)하여 퇴신이 되면 병세에 차도가 있다.

- 관이 은복되면 고치기 어렵다.
- 왕(旺)한 부가 동하여 손을 극하면 약을 써도 소용없다.

- 부가 동할 때 관왕(官旺)하고 세효가 휴수되면
  복약(服藥)이 효과가 없으니 본인이 흉액이 있을 수 있다.

- 관이 동하면 위험한데 일진이 동한 관을 충하면 무사해진다.

- 용신에 관이 놓이고 관이 지세하면
  비록 질병이 중(重)해도 죽지 않고 일생 고질병에 시달린다.

- 두 관이 세효나 용신의 묘고(墓庫)가 되면 반드시 사망한다.
  이때 일진이 묘고(墓庫)를 충개(沖開)하면 무사하다.

- 일진 손이 용신을 생부하면 약효가 있어 쾌유된다.
- 부모나 남편의 병점에 관이 은복하여 공망이 되면 필사(必死)한다.

- 용신이 일진에 절(絕)이 되었으나
  동효가 용신을 생부하면 절처봉생(絕處逢生)으로 결국 치유된다.
- 동한 손이 관을 극제하면 질병이 차츰 낫는다.

- 용신이 일진이나 월령 및 동효에 생부를 받으면 지나치게 왕하나.
- 태왕할 때는 충극이 있어야 마땅히 길하다.

- 자신의 병점에 손이 지세하면 중병이라도 치료하면 완치된다.
- 자신의 병점에 관이 지세하면 고질병이 있는 것이니 병세가 가벼워도
  치유가 어렵다.

- 병점에는 먼저 손을 본다. 그러나 부모나 장모나 남편 점에는 손이 동
  하면 관을 극하니 좋지 않다.
- 부모 병에는 원신인 관이 상(傷)하고, 남편 병에는 용신인 관이 상하므
  로 대흉하다.

- 병점은 손효 다음으로 용신을 본다.
- 자신의 병점에 용신은 세이고 그 외는 해당 육친의 오행이 용신이다.

- 괘 중에 손이 없으면 질병이 되는 관을 극제하지 못하니 모든 약(藥)이

소용없다.

- 노인 병점에서는 육충괘를 득하면 흉액이 있을 수 있다.
- 귀혼괘는 질병이 차츰 낫고, 유혼괘는 환자가 정신이 몽롱하여 산 송
  장과도 같다.

- 유혼(幽魂)이 입묘하면 흉액이 있을 수 있다.
- 관이 왕하면 질병이 위중하고, 관이 쇠하면 질병이 가볍다.

- 원신이 동하고 용신이 왕하면 질병이 치유되고,
  구신이 동하고 기신이 왕하면 흉액이 있을 수 있다.

- 원신이 동하면 비록 공파(空破)나 은복되어도 무사하다.
- 관왕(官旺)하고 재가 유기하면 위험하다.

- 신(身)이 형살(刑殺)을 만나면 못 일어나고,
  육효가 모두 안정되면 차도가 더디거나 낫기가 힘들다.

- 신명(身命)에 백호가 놓이면 흉하지만 그 때 손이 동하면 무사하다.
- 신(身)에 상문과 조객이 있으면서 재관이 같이 동하면 흉액이 있을 수
  있다.

- 중병에 백호와 관이 동하면 흉액이 있을 수 있다.

- 용신이 동하여 퇴신이 되어 변효에 입묘되고, 원신은 공파(空破)되고 5효에서 월령의 관이 동해도 흉액이 있을 수 있다.

- 용신이 공망이 되고 입묘되었을 때 출공시 원신이 입묘하면 흉액이 있을 수 있다.

- 용신이나 세효가 공망이 되고 극을 많이 받으면 흉액이 있을 수 있다.

- 용신 또는 세효가 공망되고 일진에 극을 받아노 흉액이 있을 수 있다.

- 용신 또는 세효가 동하여 관으로 변해도 흉액이 있을 수 있다.

- 용신 또는 세효가 동하여 변효에 입묘하거나 관의 묘(墓)가 되면 흉액이 있을 수 있다.

- 질병은 관이 강하면 치유가 더디고, 관이 형으로 화(化)하거나 관이 재로 화(化)하면 흉하고, 관이 손으로 화(化)하면 길하다.

▶ 관(官)이 띠고 있는 육수의 질병

관이 **청룡**에 있으면 주색의 문제이다.

관에 **주작**이 있으면 구설수로 인한 마음에 문제가 있다.

관에 **구진**이 있으면 위장, 비장의 질병이다.

관에 **등사**가 있으면 심장, 신장에 문제가 있다.

관에 **백호**가 있으면 피를 흘리는 사고이고 생리통, 산후병 등이다.

관에 **현무**가 있으면 색욕(色慾)의 문제이다.

▶관(官)이 놓인 각 효의 질병

초효에 관이 있으면 발 부위가 아프다.

택효에 관이 있으면 다리가 아프다.

3효에 관이 있으면 하복부가 아프다.

4효에 관이 있으면 상복부가 아프다.

5효에 관이 있으면 가슴부위가 아프다.

상효에 관이 있으면 머리부위가 아프다.

	풍산점 ⇐		간위산		간토(艮土)궁		
등사		I	官寅	I	命 世		
구진	父巳	I	財子	X			亥월
주작		II	兄戌	II			庚子일
청룡		I	孫申	I	身 應		공망 辰巳
현무		II	父午	II			
백호		II	兄辰	II			

모친의 수명점

- 모친은 부가 용신이니 2효에 있는 午火이다.

- 용신은 월과 일에서 충극당하고 있어 불길하다.

- 5효가 동하여 회두극되면서 용신을 충한다.

- 5효의 변효인 巳火는 현재 공망이어서 힘이 없다.

- 희망이 없다.

- 子년 子월에 사망하였다.

	화지진 ⇐ 이위화		이화(離火)궁			
청룡		I	兄巳	I	身 世	
현무		II	孫未	II		午월
백호		I	財酉	I		丁酉일
등사	父卯	II	官亥	✗	命 應	공망 辰巳
구진		II	孫丑	II		
주작	孫未	II	父卯	✗		

자신의 수명점

- 자기에 대한 점은 세효가 용신이니 상효에 있는 巳火이다.

- 용신은 현재 공망이다.

- 용신은 월에서 비화되고 일에서 휴수된다.

- 초효가 동하여 용신을 생하지만 변효에게 입묘되어 힘이 없다.

- 3효가 동하여 용신을 충하니 불길하다.

- 亥일에 3효의 관이 더욱 강해져서 용신을 충해 사고를 당했다.

- 巳亥충으로 교통사고였다.

	지화명이 ⇐ 지천태		곤토(坤土)궁				
등사		II	孫酉	II	應		
구진		II	財亥	II	身		酉월
주작		II	兄丑	II			庚申일
청룡		I	兄辰	I	世		공망 子丑
현무	兄丑	II	官寅	✗	命	父巳	
백호		I	財子	I			

형의 수명점

- 형제에 관한 것은 3효에 있는 辰土가 용신이다.

- 辰土는 월일에서 휴수되고 있다.

- 2효가 동하여 용신을 극하고 있다.

- 동효 寅木은 현재 월일에서 극충을 당하여 힘이 없다.

- 寅木 관이 비화되는 寅卯년이나 寅卯월에 위험하다.

- 寅卯년에 병이 깊어져서 辰년에 사망하였다.

			수지비 ⇐		택지췌	태금(兌金)궁	
주작		‖	父未	‖	身		
청룡		∣	兄酉	∣	應		亥월
현무	兄申	‖	孫亥	✗			戊子일
백호		‖	財卯	‖	命		공망 午未
등사		‖	官巳	‖	世		
구진		‖	父未	‖			

모친의 병점

- 모친에 관한 것은 부가 용신이다.

- 4효의 亥가 동했는데 亥卯未 목국을 이루었다.

- 목극토로 모친이 흉하다.

- 동한 亥水는 원신인 2효의 巳火를 극한다.

- 亥卯未에서 未土는 공망이다.

- 공망에서 벗어난 날 조심해야 한다.

	택뢰수 ⇐ 태위택			태금(兌金)궁		
등사		‖	父未	‖	世	
구진		∣	兄酉	∣	命	巳월
주작		∣	孫亥	∣		庚午일
청룡		‖	父丑	‖	應	공망 戊亥
현무	財寅	‖	財卯	✗	身	
백호		∣	官巳	∣		

부친의 병점

- 부친의 용신은 부효이다.
- 2효 卯木이 동하여 용신을 극하고 있다.
- 용신은 월일에서 생을 받고 있다.
- 부친의 병은 점차 좋아질 것이다.

	산화비 ⇐ 산천대축			간토(艮土)궁			
등사		∣	官寅	∣	命		
구진		‖	財子	‖	應		亥월
주작		‖	兄戌	‖			庚子일
청룡		∣	兄辰	∣	身	孫申	공망 辰巳
현무	兄丑	‖	官寅	✗	世	父午	
백호		∣	財子	∣			

형제의 병점

- 형제의 점은 형을 관찰하니 3효와 4효의 형이 용신이다.
- 3효의 형제는 집에 있고, 4효의 형제는 집 밖에 있다.
- 용신은 월일에서 휴수되고 있다.
- 2효 관이 동하여 형을 극하니 좋지 않다.

- 3효의 辰은 현제 공망이어서 관의 타격을 받지 않는다.
- 원신인 午火는 복신으로 숨어 있어서 월일에게 파를 당하지 않는다.
- 午일이 오면 복신이 드러나 원신 午火가 깨질 것이다.

		뢰화풍 ⇐ 수화기제		감수(坎水)궁		
구진		II	兄子	II	身應		
주작	父申	II	官戌	✗			午월
청룡	財午	I	父申	✗			己亥일
현무		I	兄亥	I	命世	財午	공망 辰巳
백호		II	官丑	II			
등사		I	孫卯	I			

형제의 병점

- 형제의 병점이니 3효와 상효의 형이 용신이다.
- 용신 子水와 亥水는 월에서 휴수되고 일에서 비화되고 있다.
- 월에서는 힘을 받지 못해도 점치는 날에는 힘을 얻는 것이다.
- 원신인 4효의 부는 동하여 회두극되어 힘을 쓰지 못한다.
- 5효의 관이 동하여 형을 극하니 형제의 병에 좋지 않다.
- 金水의 시기가 오면 원신과 용신이 힘을 받으니 회복될 것이다.

	천산둔 ⇐ 풍화가인		손목(巽木)궁			
주작		I	兄卯	I		
청룡		I	孫巳	I	命 應	卯월
현무	孫午	I	財未	X		戊申일
백호		I	父亥	I	官酉	공망 寅卯
등사		II	財丑	II	身 世	
구진	財辰	II	兄卯	X		

모친의 병점

- 모친의 용신은 부효이니 3효에 있는 亥水가 용신이다.
- 亥水는 월에 설기되고 일에서 생을 받고 있다.
- 월의 卯는 공망이어서 큰 타격을 입히지 못한다.
- 亥卯未 삼합국이 동하는 亥일이 오면 위험할 수 있다.

	수화기제 ⇐ 천화동인		이화(離火)궁			
청룡	官子	II	孫戌	X	身 應	
현무		I	財申	I		午월
백호	財申	II	兄午	X		丁未일
등사		I	官亥	I	命 世	공망 寅卯
구진		II	孫丑	II		
주작		I	父卯	I		

남편의 병점

- 남편은 관이 용신이니 3효에 있는 亥水가 용신이다.
- 용신 亥水는 월과 일에서 휴수되고 있다.
- 2효에 있는 丑이 일과 충이 되어 암동하여 용신을 토극수로 극한다.
- 동한 4효와 상효도 모두 용신 관에 좋지 않다.

- 4효의 午火는 월과 같으니 무척 힘이 있다.
- 이래저래 용신인 관이 좋지 않다.
- 용신과 충이 되는 巳일이나 巳시를 조심해야 한다.

		화천대유 ⇐ 화수미제		이화(離火)궁		
백호		I	兄巳	I	應	
등사		II	孫未	II		卯월
구진		I	財酉	I	命	壬午일
주작	孫辰	I	兄午	X	世	官亥	공망 申酉
청룡		I	孫辰	I		
현무	官子	I	父寅	X	身	

자식의 병점

- 자식은 자손이 용신이니 2효의 辰土가 용신이다.
- 용신은 월에서 극을 당하고 있으나 동한 3효 午火가 통관시키고 있다.
- 용신은 일진과 동효의 생을 받고 있으니 긍정적이다.
- 좋아질 것이다.

		수천수 ⇐ 수산건		태금(兌金)궁		
청룡		II	孫子	II	命	
현무		I	父戌	I		巳월
백호		II	兄申	II	世	丙寅일
등사		I	兄申	I	身	공망 戌亥
구진	財寅	I	官午	X		財卯	
주작	孫子	I	父辰	X	應	

자식의 병점

- 자식은 손이 용신이니 상효의 子水가 용신이다.

- 용신이 월일에서 휴수되고 있다.

- 용신은 동한 초효의 辰에 입묘된다.

- 또 용신은 동한 2효와 충이 된다.

- 원신인 申金도 월일에서 형이 되고 충이 되니 원신에 기댈 수도 없다.

- 질병은 낫지 않는다.

			풍천소축 ⇐ 풍화가인		손목(巽木)궁		
구진		I	兄卯	I			
주작		I	孫巳	I	命 應		子월
청룡		II	財未	II			己亥일
현무		I	父亥	I		官酉	공망 辰巳
백호	兄寅	I	財丑	X	身 世		
등사		I	兄卯	I			

처의 병점

- 2효 財丑이 동하여 兄寅이 되었다.

- 형이 재를 극하니 회두극이 되었다.

- 원신인 5효 巳火는 월일에게 극을 당해 무력하다.

- 木에 해당하는 월일이 흉하다.

			산화비 ⇐ 풍화가인		손목(巽木)궁	
현무		I	兄卯	I		
백호	父子	II	孫巳	X	命應	酉월
등사		II	財未	II		甲戌일
구진		I	父亥	I	官酉	공망 申酉
주작		II	財丑	II	身世	
청룡		I	兄卯	I		

자식의 병점

- 자식은 5효에 있는 손이 용신이다.

- 원신은 초효와 상효에 있는 卯木이 된다.

- 戌월에 용신이 입묘되어 흉하다.

- 원신인 卯木도 월파되고 있어서 기댈 곳도 없다.

- 5효 용신이 동하여 회두극되고 있다.

- 용신이 합이 되는 시점에 조심해야 한다.

- 흉한 일은 합하는 날에 실제로 일어난다.

			수풍정 ⇐ 수산건		태금(兌金)궁	
등사		II	孫子	II	命	
구진		I	父戌	I		申월
주작		II	兄申	II	世	庚子일
청룡		I	兄申	I	身	공망 辰巳
현무	孫亥	I	官午	X	財卯	
백호		II	父辰	II	應	

아들의 병점

- 아들에 관한 것은 상효에 있는 子水 손이 용신이다.

- 용신 子水는 월에서 생을 받고, 일에서 비화된다.

- 2효의 동효는 용신을 충하려고 하지만 일진에게 충을 당해 힘이 없다.

- 동효 午火는 회두극을 당해 더욱 힘이 없어 용신을 충하지 못한다.

- 관이 무력화되는 亥일에 좋아질 것이다.

			화뢰서합 ⇐ 이위화　　이화(離火)궁			
구진		I	兄巳	I	身世	
주작		II	孫未	II		午월
청룡		I	財酉	I		己卯일
현무	孫辰	II	官亥	✗	命應	공망 申酉
백호		II	孫丑	II		
등사		I	父卯	I		

남편의 병점

- 남편은 관이 용신이니 3효의 亥水이다.

- 용신은 월일에서 휴수되고 있다.

- 용신이 동하여 회두극되니 좋지 않다.

- 辰일이 되면 변효가 더욱 강해지니 낫지 않는다.

	천풍구 ⇐	건위천		건금(乾金)궁	
현무		I	父戌	I	世	
백호		I	兄申	I	身	申월
등사		I	官午	I		乙亥일
구진		I	父辰	I	應	공망 申酉
주작		I	財寅	I	命	
청룡	父丑	II	孫子	✗		

아들의 병점

- 자식은 초효에 있는 손효 子水가 용신이다.
- 子水가 동하여 회두극과 합을 당하였다.
- 용신은 월일에서 생부되고 있다.
- 지금은 동효에 의해 아프지만 寅일이 되면 丑이 약해진다.
- 그때 좋아질 것이다.

	수화기제 ⇐	풍화가인		손목(巽木)궁		
구진	父子	II	兄卯	✗			
주작		I	孫巳	I	命應		亥월
청룡		II	財未	II			己卯일
현무		I	父亥	I		官酉	공망 申酉
백호		II	財丑	II	身世		
등사		I	兄卯	I			

처의 병점

- 처는 재성이 용신인데 2효와 4효에 있다.
- 2효의 재는 집안의 여자이고, 4효의 재는 집 밖의 여자이다.
- 2효의 재가 용신인데 월일에서 휴수되고 있다.

- 상효에서 형이 동하여 회두생되어 재를 극한다.

- 회복되기 힘들다.

	화천대유 ⟸ 뢰천대장		곤토(坤土)궁			
현무	父巳	I	兄戌	✗		
백호		∥	孫申	∥		未월
등사		I	父午	I	命世	甲子일
구진		I	兄辰	I		공망 戌亥
주작		I	官寅	I		
청룡		I	財子	I	身應	

처의 병점

- 처에 관한 것은 초효에 있는 재가 용신이다.

- 초효의 子水는 월에서 휴수되고 일에서 비화되고 있다.

- 상효의 戌土가 동하여 용신을 극하고 있다.

- 그러나 현재 동효는 공망이다.

- 戌土가 공망에서 출공하는 戌월이나 戌일에 조심해야 한다.

	천택리 ⟸ 태위택		태금(兌金)궁			
청룡	父戌	I	父未	✗	世	
현무		I	兄酉	I	命	巳월
백호		I	孫亥	I		丙午일
등사		∥	父丑	∥	應	공망 寅卯
구진		I	財卯	I	身	
주작		I	官巳	I		

아들의 병점

● 아들은 4효에 있는 손효 亥水가 용신이다.

● 용신이 월파당하고 있고 일에서 휴수되고 있다.

● 동효는 월일에서 생을 받고 있어 힘이 있다.

● 상효가 동하여 토극수로 용신을 극하고 있다.

● 회복되기 힘들다.

		산택손 ⇐ 산뢰이		손목(巽木)궁		
청룡		Ⅰ	兄寅	Ⅰ		
현무		Ⅱ	父子	Ⅱ	身	孫巳	未월
백호		Ⅱ	財戌	Ⅱ	世		丁卯일
등사		Ⅱ	財辰	Ⅱ		官酉	공망 戌亥
구진	兄卯	Ⅰ	兄寅	Ⅹ	命		
주작		Ⅰ	父子	Ⅰ	應		

처의 병점

● 처에 관한 것은 재가 용신이다.

● 재는 3효와 4효에 있다.

● 세효와 함께 있는 4효의 재가 용신이다.

● 용신은 월에서 비화되고, 일에서 극을 당한다.

● 2효에 있는 형효가 동하여 용신을 극한다.

● 4효의 戌土는 현재 공망이므로 동한 2효로 부터 극을 받지 않는다.

● 戌일이 되면 출공하니 그때 타격이 있을 것이다.

	이위화	⇐	천화동인		이화(離火)궁	
등사		I	孫戌	I	身 應	
구진	孫未	II	財申	✗		未월
주작		I	兄午	I		庚寅일
청룡		I	官亥	I	命 世	공망 午未
현무		II	孫丑	II		
백호		I	父卯	I		

부모 병점

- 부모는 부가 용신이니 초효에 있는 卯木이다.

- 용신은 월에서 휴수되고 일에서 비화되고 있다.

- 5효에 있는 동효가 동하여 용신을 극한다.

- 동효는 회두생이 되어 힘이 있다.

- 변효 未土는 현재 공망이니 버티지만 未土가 출공하면 회복하기 힘들다.

- 동효가 힘을 받은 申월 未土가 출공하는 未일을 조심해야 한다.

	중천건	⇐	손위풍		손목(巽木)궁	
청룡		I	兄卯	I	世	
현무		I	孫巳	I		午월
백호	官午	I	財未	✗	身	丙戌일
등사		I	官酉	I	應	공망 午未
구진		I	父亥	I		
주작	孫子	I	財丑	✗	命	

부친 병점

- 부친은 부가 용신이니 2효에 있는 亥水가 용신이다.

- 亥水는 월일에서 휴수되고 있다.

- 4효에 있는 동효가 동하여 회두생되고 있다.
- 그러나 동효와 변효는 현재 공망이다.
- 동효와 변효가 출공하는 날 위험하다.
- 未월 누일 또는 未일 누시 등이다.

		풍지관	⇐	산지박		건금(乾金)궁		
현무		I	財寅	I				
백호	官巳	I	孫子	✗	世		兄申	申월
등사		II	父戌	II	命			乙未일
구진		II	財卯	II				공망 辰巳
주작		II	官巳	II	應			
청룡		II	父未	II	身			

자식의 병점

- 자식은 손이 용신이니 5효에서 동한 子水가 용신이다.
- 子水는 월에서 생을 받고 일에서 극을 받는다.
- 변효는 현재 공망이니 손을 써 봐야 그대로이다.
- 장차 좋아지겠지만 당분간은 힘들다.

		감위수	⇐	수풍정		진목(震木)궁		
청룡		II	父子	II				
현무		I	財戌	I	身 世			午월
백호		II	官申	II			孫午	丁丑일
등사	孫午	II	官酉	✗				공망 申酉
구진		I	父亥	I	命 應		兄寅	
주작		II	財丑	II				

부친 병점

- 부친은 부효이니 2효와 상효에 있다.

- 월에서 충이 되는 상효 子水가 용신이다.

- 상효 용신은 월에서 충파되고 일에서 子丑합이다.

- 3효 동효는 용신을 생하지만 회두극을 당하고 있다.

- 동효 酉金은 현재 공망이다.

- 출공하는 酉일이 되면 원신인 동효가 회두극을 당하니 부친은 좋지 않을 것이다.

		천지비	⇐	건위천	건금(乾金)궁	
현무		I	父戌	I	世	
백호		I	兄申	I	身	午월
등사		I	官午	I		乙未일
구진	財卯	II	父辰	✗	應	공망 辰巳
주작	官巳	II	財寅	✗	命	
청룡	父未	II	孫子	✗		

자식 병점

- 자식은 손이 용신이니 초효에서 동한 子水가 용신이다.

- 용신이 동하여 회두극이 되니 불안하다.

- 용신은 월에서 월파당하고 일에서도 극을 당한다.

- 2효와 3효의 동효도 용신에게 도움이 안 되니 불길하다.

		화지진 ⇐ 택지췌		태금(兌金)궁		
청룡	官巳	∣	父未	✕	身	
현무	父未	∣∣	兄酉	✗	應	寅월
백호		∣	孫亥	∣		丁亥일
등사		∣∣	財卯	∣∣	命	공망 午未
구진		∣∣	官巳	∣∣	世	
주작		∣∣	父未	∣∣		

처의 병점

- 처는 재가 용신이니 3효에 있는 卯木이다.
- 용신 卯木은 월에서 비화되고 일에서 생을 받고 있다.
- 5효 형이 동하여 회두생된 것은 좋지 않다.
- 상효가 동하여 역시 회두생되는 것도 좋지 않다.
- 5효의 변효와 상효의 동효가 현재 공망이다.
- 공망이 해공되는 未일에는 심해진다.
- 丑일이 되면 상효 未土가 충당하고 5효의 酉金이 입묘되니 좋아진다.

		⇐ 뢰천대장		곤토(坤土)궁		
현무		∣∣	兄戌	∣∣		
백호		∣∣	孫申	∣∣		寅월
등사		∣	父午	∣	命 世	甲午일
구진		∣	兄辰	∣		공망 辰巳
주작		∣	官寅	∣		
청룡		∣	財子	∣	身 應	

자식의 병점

- 자식은 손이 용신이니 5효의 申金이다.

- 육충괘이고 동효는 없다.
- 申金 용신은 월파당하고 일에서 극을 당한다.
- 기신인 부효 午火는 일에서 비화되니 무척 힘이 강하다.
- 희망이 없다.

			감위수 ⇐ 손위풍		손목(巽木)궁		
등사	父子	‖	兄卯	✗	世		
구진		❙	孫巳	❙			午월
주작		‖	財未	‖	身		辛卯일
청룡	孫午	‖	官酉	✗	應		공망 午未
현무		❙	父亥	❙			
백호		‖	財丑	‖	命		

남편의 병점

- 남편은 관이 용신이다.
- 3효의 용신 관이 회두극을 당했다.
- 관은 월에서 극을 당하고 일에서 충을 당한다.
- 상효의 卯가 회두생되어 용신과 충이 된다.
- 월령 午火는 현재 공망으로, 午火가 출공하는 날 조심해야 한다.

			수화기제 ⇐ 수산건		태금(兌金)궁		
청룡		‖	孫子	‖	命		
현무		❙	父戌	❙			子월
백호		‖	兄申	‖	世		丁亥일
등사		❙	兄申	❙	身		공망 午未
구진		‖	官午	‖		財卯	
주작	財卯	❙	父辰	✗	應		

모친의 병점

- 모친이나 이모, 고모 등은 부가 용신이다.
- 용신은 초효와 5효에 있는데 동한 초효의 辰土가 용신이다.
- 초효는 동하여 회두극을 당하니 좋지 않다.
- 용신은 월일에서도 휴수되고 있다,
- 원신인 2효의 午火는 공망되었다.
- 묘일이 되면 회두극을 당해 위험하다.

		진위뢰	⟸ 택뢰수	진목(震木)궁		
구진		II	財未	II	應	
주작	官申	II	官酉	✗	身	寅월
청룡		I	父亥	I		孫午 己巳일
현무		II	財辰	II	世	공망 戌亥
백호		II	兄寅	II	命	
등사		I	父子	I		

모친의 병점

- 모친은 부가 용신이니 초효와 4효에 있다.
- 그중에서 일과 충하는 4효 亥水가 용신이다.
- 용신은 현재 공망이다.
- 용신은 월에서 휴수되고 일에서 충을 당한다.
- 원신인 5효 관은 동하여 퇴신이 되니 용신을 도울 힘이 약해진다.
- 당분간 회복이 힘들다.

풍산점 ⇐ 산지박			건금(乾金)궁				
주작		I	財寅	I			
청룡	官巳	I	孫子	⚊⚋	世	兄申	巳월
현무		II	父戌	II	命		戊戌일
백호	兄申	I	財卯	⚊⚋			공망 辰巳
등사		II	官巳	II	應		
구진		II	父未	II	身		

처의 병점

- 처는 재성이 용신이니 3효와 상효에 있다.

- 동한 3효 卯木을 용신으로 한다.

- 3효의 용신은 회두극을 당해 좋지 않다.

- 용신은 월일에서도 휴수되고 있다.

- 원신인 5효가 동하지만 월에서 휴수되고 일에게 극을 당한다.

- 5효의 변효는 현재 공망으로, 여러 가지 면에서 회복이 힘들다.

수화기제 ⇐ 수천수			곤토(坤土)궁				
주작		II	財子	II	命		
청룡		I	兄戌	I			卯월
현무		II	孫申	II	世		戊寅일
백호		I	兄辰	I	身		공망 申酉
등사	兄丑	II	官寅	✗		父巳	
구진		I	財子	I	應		

나의 병점

- 나의 질병은 세효가 용신이다.

- 용신 申金은 월일에서 극이나 충을 당하고 있다.

- 2효가 동하여 용신을 충한다.
- 용신은 현재 공망이니 출공하는 申일을 조심해야 한다.

	⇐ 화산려	이화(離火)궁				
구진	ǀ	兄巳	ǀ			
주작	ǁ	孫未	ǁ	身		巳월
청룡	ǀ	財酉	ǀ	應		己亥일
현무	ǀ	財申	ǀ		官亥	공망 辰巳
백호	ǁ	兄午	ǁ	命		
등사	ǁ	孫辰	ǁ	世	父卯	

자신의 병점

- 자기 병점은 세효가 용신이다.
- 현재 동효는 없다.
- 용신은 월에서 생을 받고, 일에서 휴수된다.
- 초효 세효에 약을 나타내는 손이 있으니 좋다,
- 용신은 현재 공망이지만 출공하는 辰일에 회복될 것이다.

	화풍정 ⇐ 천산둔		건금(乾金)궁				
등사		ǀ	父戌	ǀ			
구진	父未	ǁ	兄申	✕	應		亥월
주작		ǀ	官午	ǀ	命		辛未일
청룡		ǀ	兄申	ǀ			공망 戌亥
현무	孫亥	ǀ	官午	✕	世	財寅	
백호		ǁ	父辰	ǁ	身	孫子	

자신의 병점

- 자기 질병은 세효가 용신이다.

- 세효 午火가 동하여 회두극되고 있으니 불안하다.

- 용신은 월일에서 극을 당하고 휴수된다.

- 5효도 동하여 회두생되어 용신의 힘을 빼고 있다.

- 현재 용신을 회두극하는 변효가 공망이다.

- 변효가 출공하는 亥일에 조심해야 한다.

			감위수 ⇐ 택수곤		태금(兌金)궁	
현무		‖	父未	‖	命	
백호		┃	兄酉	┃		亥월
등사	兄申	‖	孫亥	✗	應	甲子일
구진		‖	官午	‖	身	공망 戌亥
주작		┃	父辰	┃		
청룡		‖	財寅	‖	世	

남편 병점

- 남편은 관이 용신이니 3효의 午火이다.

- 용신은 월에서 극을 당하고 일에게 충을 당하고 있다.

- 4효가 동하여 회두생되면서 용신을 극하니 회복되기 힘들다.

			천뢰무망 ⇐ 천화동인		이화(離火)궁	
현무		┃	孫戌	┃	身 應	
백호		┃	財申	┃		巳월
등사		┃	兄午	┃		甲辰일
구진	孫辰	‖	官亥	✗	命 世	공망 寅卯
주작		‖	孫丑	‖		
청룡		┃	父卯	┃		

남편 병점

- 남편은 관이 용신이니 3효에서 동한 亥水가 용신이다.
- 亥水는 월파되고 있고 일과 동효에 입묘되고 있다.
- 상효의 戌土는 일에게 충을 당해 암동하여 용신을 극한다.
- 낫기 힘들다.

			← 산뢰이	손목(巽木)궁			
현무		I	兄寅	I			
백호		II	父子	II	身	孫巳	午월
등사		II	財戌	II	世		甲戌일
구진		II	財辰	II		官酉	공망 申酉
주작		II	兄寅	II	命		
청룡		I	父子	I	應		

모친 병점

- 동효가 없다.
- 모친은 부효인 子水가 용신이다.
- 용신 子水가 월파당하고 일에게 극을 당한다.
- 子水가 극파되거나 입묘되는 날 조심해야 한다.
- 辰일에 子水가 입묘되니 흉하다.

			← 산뢰이	손목(巽木)궁			
현무		I	兄寅	I			
백호		II	父子	II	身	孫巳	申월
등사		II	財戌	II	世		甲子일
구진		II	財辰	II		官酉	공망 戌亥
주작		II	兄寅	II	命		
청룡		I	父子	I	應		

부친 병점

● 동효가 없다.

● 부친은 부가 용신이니 子水이다.

● 子水는 월일에서 생을 받고 비화되고 있다.

● 용신이 동하지 않으니 동하는 午일 완쾌될 것이다.

● 동효가 없을 때는 용신을 충하는 날 응하기 때문이다.

			산수몽 ⇐ 지수사	감수(坎水)궁		
등사	孫寅	I	父酉	X	應	
구진		II	兄亥	II		未월
주작		II	官丑	II	命	庚戌일
청룡		II	財午	II	世	공망 寅卯
현무		I	官辰	I		
백호		II	孫寅	II	身	

모친 병점

● 모친은 부가 용신이니 상효의 酉金이다.

● 용신 酉金은 월일에게 생을 받고 있다.

● 원신인 2효의 관은 일에게 충을 당해 암동하고 있다.

● 암동하여 용신을 생하니 긍정적이다.

● 부정적인 요소 변효를 충하는 申일이면 좋아질 것이다.

		감위수 ⇐ 택수곤		태금(兌金)궁		
청룡		‖	父未	‖	命	
현무		❙	兄酉	❙		戌월
백호	兄申	‖	孫亥	✗	應	丁丑일
등사		‖	官午	‖	身	공망 申酉
구진		❙	父辰	❙		
주작		‖	財寅	‖	世	

나의 병점

- 나에 관한 점은 세효가 용신이다.
- 용신은 초효에 있는 寅木 재이다.
- 용신은 월일에서 휴수되고 있다.
- 4효가 동하여 회두생되면서 용신을 생한다.
- 변효 申金이 현재 공망이니 출공하는 날 좋아질 것이다.

		뢰화풍 ⇐ 진위뢰		진목(震木)궁		
청룡		‖	財戌	‖	世	
현무		‖	官申	‖	身	午월
백호		❙	孫午	❙		丁丑일
등사	父亥	❙	財辰	✗	應	공망 申酉
구진		‖	兄寅	‖	命	
주작		❙	父子	❙		

부친 병점

- 부친은 부가 용신이니 초효에 있는 子水이다.
- 子水는 월파되고 있고 일에게 극을 당한다.
- 원신 申金도 공망이라 용신을 돕지 못한다.

- 3효가 동하여 용신을 입묘시키니 회복은 힘들다.
- 辰일이 고비이다.

	천뢰무망	⇐	천화동인		이화(離火)궁		
청룡		I	孫戌	I	身 應		
현무		I	財申	I			辰월
백호		I	兄午	I			丙寅일
등사	孫辰	II	官亥	✗	命 世		공망 戌亥
구진		II	孫丑	II			
주작		I	父卯	I			

남편의 질병점

- 남편은 관이 용신이니 동한 3효의 亥水가 용신이다.
- 용신인 변효에게 회두극되며 입묘되고 있다.
- 용신은 월에서도 극을 당하며 일에서 휴수되며 합되어 약해진다.
- 용신은 현재 공망이어서 당분간은 병이 그대로 진행될 것이다.

	지택림	⇐	화택규		간토(艮土)궁		
현무	孫酉	II	父巳	✗			
백호		II	兄未	II		財子	子월
등사	兄丑	II	孫酉	✗	身 世		乙未일
구진		II	兄丑	II			공망 辰巳
주작		I	官卯	I			
청룡		I	父巳	I	命 應		

모친의 질병점

- 모친은 부가 용신이니 상효에서 동한 巳火가 용신이다.

- 용신 巳火는 현재 공망이다.

- 용신은 월에게 극을 당하고 있고 일에서 휴수된다.

- 4효가 동하여 2효에 있는 원신을 충하니 부정적이다.

- 용신은 현재 공망이어서 견디고 있다.

- 용신이 출공하는 巳월이나 巳일에 조심해야 한다.

			지화명이	⇐	지천태	곤토(坤土)궁		
등사		‖	孫酉	‖	應			
구진		‖	財亥	‖	身			午월
주작		‖	兄丑	‖				庚申일
청룡		｜	兄辰	｜	世			공망 子丑
현무	兄丑	‖	官寅	✗	命		父巳	
백호		｜	財子	｜				

형의 질병점

- 형은 형효가 용신이니 지세하고 있는 3효의 辰土가 용신이다.

- 용신은 월에서 생을 받고 일에서 휴수되고 있다.

- 2효가 동하여 용신을 극한다.

- 약에 해당하는 원신은 복신으로 있다.

- 관효가 현재 휴수되어 힘이 없지만 寅년에 강해진다.

- 寅년에 사망하였다.

			수택절 ←	감위수	감수(坎水)궁	
백호		‖	兄子	‖	世	
등사		∣	官戌	∣		卯월
구진		‖	父申	‖	命	癸巳일
주작		‖	財午	‖	應	공망 午未
청룡		∣	官辰	∣		
현무	財巳	∣	孫寅	✕	身	

처의 질병점

- 처는 재가 용신이니 3효에 있는 午火이다.

- 용신은 월에서 생을 받고 일에서 비화되고 있어 긍정적이다.

- 원신인 초효의 寅木도 동하여 용신을 생하니 나을 것이다.

- 문제는 현재 공망이니 공망에서 벗어나는 午일에 나을 것이다.

			태위택 ←	천뢰무망	손목(巽木)궁	
등사	財未	‖	財戌	✕		卯월
구진		∣	官申	∣		
주작		∣	孫午	∣	命 世	庚戌일
청룡		‖	財辰	‖		공망 寅卯
현무	兄卯	∣	兄寅	✕		
백호		∣	父子	∣	身 應	

부친 병점

- 부친은 부가 용신이니 초효의 子水이다.

- 子水는 월일에서 휴수되고 있다.

- 2효가 동하여 진신이 되면서 용신을 설기하려 하지만 모두 공망이다.

- 상효도 동하여 용신을 극하니 현재 투병 중이다.

- 2효가 출공하여 상효의 재를 극하면 좋아질 것이다.

- 출공하는 날은 寅이나 卯일이다.

		뢰풍항 ⇐ 뢰산소과	태금(兌金)궁			
구진		‖	父成	‖			
주작		‖	兄申	‖			巳월
청룡		Ⅰ	官午	Ⅰ	命世	孫亥	己丑일
현무		Ⅰ	兄申	Ⅰ			공망 午未
백호	孫亥	Ⅰ	官午	ⲭ		財卯	
등사		‖	父辰	‖	身應		

동생 병점

- 동생은 형효가 용신이니 申金이다.

- 용신 申金은 월에서 극을 당하고 일에서 생을 받으며 입묘된다.

- 2효가 동하여 회두극되면서 용신을 극한다.

- 관이 백호를 대동하고 용신을 극하면 몹시 흉하다.

- 회복되기 힘들다.

임신점(妊娠占)·출산점(出産占)

● 임신점에서는 손을 용신으로 하고,
  손의 왕쇠에 의해 자녀의 다소 및 길흉을 점친다.

● 남자가 점을 치면 재가 임산부이고, 2효 또는 12운성 태효를 용신으로
  한다.

● 손은 이미 출생한 자녀이다.

● 남편이 처를 점칠 때는 재가 산모이고 태효인 손을 태아로 본다.

● 산모가 점을 치면 세효가 자기이고, 태효가 태아이고, 손은 출생한 자
  녀이다.

● 잉태의 유무는 2효나 태효를 보고 손은 보지 않는다.

- 임신 출산점에서는 초효가 산모, 2효가 태효, 3효가 육생(育生)을 나타낸다.
- 택효에 포태(胞胎)가 있거나 포태(胞胎)가 동하면 임신이다.

- 태효가 동하면 이미 임신했다.
- 변효가 일진에 묘절이 되면 수태(受胎)하기 어렵고 되더라도 키우기 힘들다.

- 손이 건왕하고 진신 또는 회두생이 되면 다자(多子)의 상(象)이다.
- 손이 퇴신이나 회두극이 되면 자녀가 적다.

- 태효와 손이 동하면 일정대로 순산을 하고, 동하지 않고 암동도 없으면 출산이 지연된다.
- 태효와 손이 모두 다 공망이 되면 임신이 되지 않는다.

- 태효가 월령과 일진의 생부를 받고 공망도 아니고
  관 또는 부에 임하지도 않으면 임신이 된다.
  이때 태효가 양효이면 아들이고, 음효이면 딸이다.

- 재가 안정되고 손이 동하면 산모의 건강이 좋다.
- 손이 월령과 같고 청룡이 있으면 준수한 남아를 낳는다.

- 태효가 현무에 있으면 부부의 태(胎)가 아니다.

- 부가 동하여 손에 형해(刑害)를 가하면 산모와 아이가 불길하다.

- 손이 동하여야 속히 출산하고 일진에 비화되면 당일 출산한다.
  이때 공파묘(空破墓)가 없어야 한다.

- 손이 휴수하거나 무기하여 충극을 받으면
  태아는 사산(死産)의 위험이 있고 산모는 출산에 어려움이 있다.

- 태효가 동하여 재를 충극하고 관으로 변하면
  산모의 건강이 위험하고 낙태의 산액(産厄)이 있다.

- 손이 중첩되고 손이 동하여 다시 손이 되면 쌍둥이를 임신할 가능성이
  있다.
- 부에 백호 또는 등사가 임하여 동하면 난산(難産)이다.

- 손효나 태효가 택효에 있으면서 청룡이 있고 동하면 쌍둥이 가능성이
  있다.
- 유혼괘에 관이 공망이 되면 남편이 없을 때 출산한다.

- 은복된 관이 공망을 만나서 묘절에 있으면 남편 사망으로 유복자(遺
  腹子)이다. 그러나 은복된 관이 타효의 부조를 받고 왕상하면 남편이
  타향에 있는 것이지 죽은 것은 아니다.

- 관효에 태(胎)가 있으면 임산부가 질병으로 고생한다.
- 출산의 시기는 손과 모효(母爻)[본인 점에서는 세효]를 함께 살핀다.

- 태효와 손이 동하지 않거나 암충이 없으면 출산이 늦어지고
  일진과 월령이 충하는 때 분만한다.

- 청룡이 동하면 출산의 경사가 있다.
- 형에 공망이 있으면 산모가 건강하지만, 부가 동하면 낙태의 우려가
  있다.

- 부와 손이 서로 왕상하면 태아나 임부 모두 건강하다.
- 손에 관이 있으면 임산부에게 질병이 있다.

- 응효의 부가 세효를 생하면 생남수(生男數)가 있다.
- 남편이 점칠 때 형이 동하면 아내에게 해가 있고, 부가 동하면 아이에
  게 해가 있다.

- 부가 동하면 자손을 극하니 좋지 않다.
  이때 손이 일진이나 월령의 생부를 받으면 무방하다.

- 태효가 동하거나 왕상이나 유기하면 잉태된 것이다.
- 태효가 공망 또는 충극을 당할 경우는 잉태가 아니다.

- 백호가 부에 있으면 태아의 발육이 좋지 않다.
- 손이 동하여 관으로 화(化)하면 뱃속에 있는 태아가 위험하다.

- 초효에 관이 있으면 출산 후 산모 건강이 좋지 않다.
- 택효에 공망은 낙태하기 쉽고, 2효에 관이 있으면 태아 발육이 나쁘다.

- 태효에 관이 임하거나 태효가 동하여 관이 되면 낙태한다.
  이때 재가 충극당하면 신모도 위험하다.

- 손이 묘절이고 일진이나 월령 및 동효가 손을 형충극해하면 대흉하다.
- 손이 동하고 일진이 태효를 충하면 당일에 출산하고, 합이 되면 충파
  할 때 출산한다.

- 손과 태효가 동하면 곧 출산한다.
- 관이나 부가 동하든가 합하면 충파일에 출산한다.

- 관이 동하여 손이 되면 출산 후 위험하다.
- 부와 손이 변하면 불리하지만 청룡이 지세하면 해(害)가 없다.

- 태효나 2효가 극을 받고 묘절이나 공망이 되면 불임(不姙)이다.
- 초효에 관이 있으면 산후에 산모 건강이 나쁘다.

- 택효에 관이 있으면 태아가 불길하고, 2효가 공망이 되면 낙태한다.
- 손과 관이 상충되거나 관이 공망이 되면 여아로 본다.

- 손효나 태효를 충하면서 세효를 생하면 당일 내에 출산한다.
- 손효나 태효가 안정하면 충하는 일시에 출산한다.
- 손효나 태효가 공망되었으면 출공일에 출산한다.

- 태효와 손이 동하지 아니하고 일진의 암충(暗沖)도 없으면 출산이 늦어진다. 이때 월일시의 충하는 시기를 보아 분만일을 판단한다.

- 백호 관이 동하거나 백호 재가 관으로 변하여
  공망이 되고 충파되면 양육이 어렵다.

- 재가 손으로 화(化)하면 분만 후에 편안하고 안정된다.
- 출산일은 손이나 태효의 충파 일로 판단한다.

- 청룡이 손이나 태효나 재에 놓여 동하면 출산일이 멀지 않고, 당일일 수도 있다. 그러나 일진이나 동효의 충극을 받으면 낙태한다.

- 재가 동하여 손으로 화(化)하면 분만 후에 산모가 안태하다.
- 손효나 태효나 2효나 재가 동하면 출산일이 멀지 않고 합되는 날에 출산한다.

- 태효가 관에 있거나 동하여 관으로 변하거나 또는 관이 동하여 태효를 충극하면 사태(死胎)이고 백호에 있으면 낙태한다.

● 태효가 형충극해 당하거나 또는 사묘절에 있으면
　임부(妊婦)도 힘들고 또는 출생 후 아이도 기르기 어렵다.

● 백호가 손효나 태효에 있으면 자식 얻기가 힘들다.
● 백호가 동하면서 재에 있어도 재가 손상되어 자식을 얻기 힘들다.

● 태효가 관에 임하거나 관의 극을 받고 일진이나 월령의 형충극해를
　받으면 태아에 이상이 있다. 이때 백호를 만나면 낙태될 수 있다.

● 태효가 일진이나 동효의 충극을 입으면 낙태될 염려가 있다.
● 태효가 왕상하거나 생부되거나 합이 될 때 손과 부가 공망이 아니면
　태아가 건강하다.

● 태효에 현무가 있으면 태아의 출처가 명확하지 못한다.
　이때 부가 입묘되면 사생아이다.

● 잉태점에서 관이 동하면 반드시 재앙이 있다.
　이때 용신이 극해를 받으면 재앙이 크다.

● 태아가 분만되는 시기는 태효가 충파 되는 시기이다.
● 손이 동하고 일진이 태효를 충하면 곧 출산한다,

● 유혼괘에 관이 공망이 되면 남편이 없을 때 분만한다.
● 산모가 점칠 때 관효 또는 세효가 공망이 되면 남편 없을 때 분만한다.

- 부가 왕상하고 동하여 손을 극하고 재도 충파를 만나면
  산모나 태아가 모두 흉하다.

- 관이 동하여 손으로 화(化)하면 분만 전 산아에게 병이 있다.
- 재가 동하여 관으로 화(化)하면 출산 뒤 재앙이 있다.

- 백호 손이 태효에 놓여 동하면 유산(流産)한다.
- 백호 재가 동하여도 유산(流産)한다.

- 손이 태효를 충극하여 세효나 신(身)을 생하면 당일 출산한다.
- 손이 묘절일 때 일진이나 월령 또는 동효가 형충이나 극해를 해도 유
  산한다.

- 산모나 옆 사람이 내점(來店)할 때 관이 없거나
  진공(眞空)이나 묘절이 되면 남편이 없으니 유복자(遺腹子)이다.

- 관이 은복되었으나 왕상하면 남편이 원행(遠行)으로 곁에 없을 때 출
  산한다.
- 관이 공망되어도 남편이 부재중에 출산한다.

- 청룡이 태효나 손효 또는 재에 임하여 동하면 곧 출산한다.
- 태효나 손이 동효의 충극을 받으면 낙태될 수 있다.

	곤위지 ⇐ 간위산		간토(艮土)궁				
주작	孫酉	‖	官寅	✗	命 世		
청룡		‖	財子	‖			辰월
현무		‖	兄戌	‖			戊申일
백호	官卯	‖	孫申	✗	身 應		공망 寅卯
등사		‖	父午	‖			
구진		‖	兄辰	‖			

출산점

- 무사히 출산할까?
- 아이에 관한 것은 3효에서 동한 손효 申金이 용신이다.
- 申金은 월에서 생을 받고 일과 비화되고 있다.
- 상효가 동하여 회두극되면서 용신과 충이 된다.
- 용신과 충이 되니 불길하지만 현재 寅木이 공망이다.
- 무사히 출산할 것이다.

	뢰지예 ⇐ 산지박		건금(乾金)궁				
주작	父戌	‖	財寅	✗			
청룡		‖	孫子	‖	世	兄申	寅월
현무	官午	l	父戌	✗	命		戊子일
백호		‖	財卯	‖			공망 午未
등사		‖	官巳	‖	應		
구진		‖	父未	‖	身		

처의 출산점

- 출산은 자녀가 용신이 되니 5효에 있는 손효 子水이다.
- 자녀는 지세하여 나와 인연이다.

- 용신은 월에서 휴수되지만 일에서 생을 받고 있다.
- 4효에 있는 부가 동하여 회두생되며 용신을 극한다.
- 상효도 동하여 용신의 힘을 뺀다.
- 부효, 즉 산모는 힘이 있는데 용신이 허약한 꼴이다.
- 산고(産苦)가 있을 것이다.

		감위수 ⇐ 택수곤		태금(兌金)궁		
현무		‖	父未	‖	命	
백호		┃	兄酉	┃		卯월
등사	兄申	‖	孫亥	✗	應	乙未일
구진		‖	官午	‖	身	공망 辰巳
주작		┃	父辰	┃		
청룡		‖	財寅	‖	世	

아내의 출산점

- 아내는 재로 보고, 자식은 손으로 본다.
- 초효의 재가 지세하니 나와 인연이다.
- 재는 월에서 비화되고 일에 입묘되니 출산이 늦어지고 있다.
- 그러나 동한 원신 손이 재를 도우니 처는 건강하다.
- 4효에서 동한 손이 자식이다.
- 자식 손은 회두생되면서 亥卯未 삼합이 된다.
- 자식 손효가 월일과 삼합이 되어 도우니 건강한 아이를 출산할 것이다.

	산지박 ← 화수미제			이화(離火)궁		
청룡		I	兄巳	I	應	
현무		II	孫未	II		午월
백호	孫戌	II	財酉	✗	命	丙辰일
등사		II	兄午	II	世 官亥	공망 子丑
구진	兄巳	II	孫辰	✗		
주작		II	父寅	II	身	

처의 출산점

- 처는 재를 보고, 아이는 손효를 본다.

- 2효의 손이 동하여 회두생된다.

- 손은 월에서 생을 받고 일에서 비화되니 좋다.

- 4효의 재는 동하여 회두생되고 월에게 극을 당한다.

- 그러나 재는 일에게 생을 받으니 출산은 준조롭다.

- 현재 재효와 손이 합으로 묶여 있으니 충이 되는 戌일에 출산한다.

	풍택중부 ← 손위풍			손목(巽木)궁		
청룡		I	兄卯	I	世	
현무		I	孫巳	I		未월
백호		II	財未	II	身	丙辰일
등사	財丑	II	官酉	✗	應	공망 子丑
구진		I	父亥	I		
주작	孫巳	I	財丑	✗	命	

처의 출산점

- 처는 재를 보고, 아이는 손효를 본다.

- 초효의 재가 동하여 회두생되고 월일과 비화되고 있어 산모는 좋다.

- 5효의 손은 월일에서 휴수되고 있다.

- 그러나 巳酉丑 삼합이 되어 손효도 건왕하다.

- 현재 丑이 공망이니 출공되는 丑일에 출산한다.

- 태효(胎爻)가 동할 때 출산의 기미가 있다.

- 태효를 정하는 방법은 본궁인 손목궁을 기준으로 한다.

- 손목에서 목이니 목은 미에서 입묘한다.

- 未부터 申酉戌...로 가면서 12운성 墓絶胎養을 대입한다.

- 그래서 酉가 태(胎)에 해당하니 3효에 있는 酉金이 태효(胎爻)가 된다.

- 태효가 동하면 태아가 움직였다는 의미이니 출산이 임박했다고 본다.

		화뢰서합 ⇐	화지진		건금(乾金)궁		
주작		I	官巳	I			
청룡		II	父未	II			午월
현무		I	兄酉	I	身 世		戊辰일
백호		II	財卯	II			공망 戌亥
등사		II	官巳	II			
구진	孫子	I	父未	X	命 應	孫子	

누이의 출산점

- 누이는 형효를 용신으로 한다.

- 4효에 있는 酉金은 월에서 극을 당하고 일에서 합생이 되고 있다.

- 초효가 동하여 용신을 생한다.

- 태아인 태효는 卯木으로 역시 월일에서 휴수되니 부정적이다.

- 일과 합이 되니 출산이 지연되고 어려움이 따르겠다.

- 형제 자매는 형효가 용신이고, 형수 제수는 처와 같이 여자로 보고 재

를 용신으로 한다.

	풍뢰익 ⇐ 산지박			건금(乾金)궁		
구진		I	財寅	I			
주작	官巳	I	孫子	X	世	兄申	寅월
청룡		II	父戌	II	命		己丑일
현무		II	財卯	II			공망 午未
백호		II	官巳	II	應		
등사	孫子	I	父未	X	身		

본인 출산점

- 자신은 세효가 용신이고 아이는 손이 용신이다.
- 5효에서 손이 지세하여 자식과 인연이다.
- 세효는 월일에서 휴수되고 극을 당하니 건강이 좋지 않다.
- 초효가 동하여 손효를 극하니 출산은 위험하다.
- 현재 초효인 未土가 공망이니 출공하는 시기에 조심해야 한다.

	산지박 ⇐ 화지진			건금(乾金)궁		
주작		I	官巳	I			
청룡		II	父未	II			寅월
현무	父戌	II	兄酉	X	身 世		戊辰일
백호		II	財卯	II			공망 戌亥
등사		II	官巳	II			
구진		II	父未	II	命 應	孫子	

여동생의 출산점

- 출산은 손이 용신이니 복신으로 있는 子水이다.

- 용신은 비효 未土에게 극을 당하고 있다.
- 여동생은 형효이니 손효와 함께 참고한다.
- 여동생 형은 지세하고 회두생되니 건강하다.
- 형은 월에서 휴수되지만 일에서 생을 받고 있다.
- 문제는 은복된 아이 손효이다.
- 은복된 복신이 드러난 것은 복신을 품은 비신이 충을 맞을 때이다.
- 丑시가 되면 丑未충이 되어 子水가 출하면 아이가 위험하다.
- 결과는 사산(死産)하였다.

			수택절 ⇐ 태위택		태금(兌金)궁	
주작		‖	父未	‖	世	
청룡		∣	兄酉	∣	命	子월
현무	兄申	‖	孫亥	✗		戊子일
백호		‖	父丑	‖	應	공망 午未
등사		∣	財卯	∣	身	
구진		∣	官巳	∣		

며느리 임신 가능?

- 며느리는 자식과 같으니 손효를 용신으로 한다.
- 4효에 있는 亥水 손이 동하여 회두생한다.
- 용신은 월일에서도 비화되니 힘이 있다.
- 임신 가능성은 2효 태효를 본다.
- 태효 卯木도 월일에서 생을 받으니 건강하다.
- 2효 태효는 현재 정(靜)한 상태이니 충기되는 酉일에 임신 가능하다.

	풍산점 ← 산지박　　건금(乾金)궁						
주작		I	財寅	I			
청룡	官巳	I	孫子	⚋✕	世	兄申	寅월
현무		II	父戌	II	命		戊戌일
백호	兄申	I	財卯	⚋✕			공망 辰巳
등사		II	官巳	II	應		
구진		II	父未	II	身		

처의 출산점

● 처의 출산점이므로 재가 용신이다.

● 3효에서 동한 卯木이 용신인데 회두극되어 산모가 힘들다.

● 용신은 월에서 비화되고 일과 합이 되어 묶여 있다.

● 5효에서 동한 원신이 도우니 회두극 상태에서도 산모는 이겨낸다.

● 문제는 자식 손효이다.

● 손은 월에서 휴수되고 일에게 극을 당한다.

● 태어난 아이는 辰시에 사망하였다.

승진점(昇進占)·사관(仕官)

- 승진점에서는 손이 기신이고 형이 구신이 되니
  손이나 형이 동하거나 생왕한 것을 꺼린다.

- 관이 직위를 나타내니 용신이고 재가 원신이다.
  그래서 관재(官財)가 왕상하면 길하지만 상처를 받으면 흉하다.

- 구관, 구직점에서는 재를 꺼리지만, 승진점에서는 재를 기뻐한다.
- 재생관이 되기 때문이다.

- 관이 세효를 생합하거나 동한 관이 진신이 되면 승진수가 있다.
- 손이 동하고 재가 복장되면 파직할 수 있다.
- 손이 동하면 구직이나 공명은 힘들고 직장에서는 화(禍)가 따른다.
  그러나 재가 동하면 통관되어 승진이나 영전한다.

- 관이 동하여 형으로 화(化)하고 세효를 충극하면 동료가 나를 모략한다.
- 손이 지세하고 손이 동하면 관직이나 영전 승진은 좋지 않다.

- 청룡 관이 지세하여 회두생이 되면 승진을 한다.
- 청룡 관이 지세하여 생왕하거나 청룡 관이 동하여 세효를 생하면 승진 영전한다.

- 세효가 공망이 되더라도 육효가 안정되고 상(傷)하지 않으면 정식(停職)이다.
- 손이 동하면 감봉은 면하지만 형이 지세하면 좋지 않다.

- 관이 동하여 세효를 생합해 주고 일진이나 월령이나 동효의 충극이 없으면 관직에서 명성을 날린다. 이때 재는 뇌물과 관련이 있다.

- 손이 동하거나 다른 효가 동하여 손으로 화(化)하면 좋지 않고 이때 형이 지세하면 록봉이 반드시 감소한다.

- 승진점에서는 왕한 부가 세효를 생부하면 좋다.
- 태세와 부와 세효가 생합하면 등용된다. 그러나 공망되면 효력 없다.

- 재가 동하면 영전하고 록봉이 올라가지만, 재가 휴수공망이 되면 좋지 않다.
- 재가 동해도 충파를 만나면 좌천이나 감봉된다.

- 일월이 재를 충하면서 세효를 형할 때 관도 형해를 만나면 직장이 불안하다.
- 관이 왕하면 고관이고, 관이 휴수사절되면 미관말직이다.

- 재관 두 가지 중 하나가 동하여 일진이나 월령의 생부를 받으면 승진한다.
- 손이 동하면 관은 화(禍)를 당한다.
- 형이 동하면 재물이 파괴되고 명예가 훼손된다.

- 태세는 군주이고 월령은 집정관이니 태세나 월령이 세효와 생합하면 승진이다.
- 관이 괘신에 있거나, 지세하거나, 세효에 복장되면 벌을 받아도 해직은 아니다.

- 태세가 세효를 생합하면 승진되고, 세효가 태세를 충극하면 낙직 또는 수옥된다.
- 일월에서 세효를 생합할 때 관이 유기하며 백호와 형에 있으면 대장 직위이다.

- 외지로 출장 갈 때는 세효가 동하여 공망이 되면 이롭다.
- 세효가 왕하고 관이 유기할 때 일진과 동효가 상충하면 정계(政界)로 간다.

- 세효가 공망되었을 때

  타효 및 일진이나 월령의 구원을 받지 못하면 큰 액이 있다.

- 관이 동하여 손으로 화(化)하면 별정직으로 바뀐다.
- 관이 무기할 때 재가 동하여 관을 생하면 관직은 승급이다.

- 장수는 전쟁에서 손이 동하면 큰 공을 세우는데, 관이 적이기 때문이다.
- 태세가 세효를 생합하면 승진하는데 이때 세효가 응효를 극하면 크게
  길하다.
- 관이 월령에 있으면 기강을 다스리는 관직이다.

- 세효가 진공(眞空)이 되고 출공되지 않으면

  꾸민 일이 이루어지지 않고 심하면 흉액이 있을 수 있다.

- 출장직은 세효가 동하여 공망을 만나면 이롭다.
- 출장직은 일진과 동효가 상충하면 머지않아 정계에서 벼슬을 한다.
- 출장직은 관이 동하면 좋고, 지방행정직은 관이 안정되어야 좋다.

- 관이 동하여 세효와 합할 때 용신이 동하여 세효를 극하면 승진한다.
- 태세가 세효를 충파하면 낙직이다.

- 태세가 동하여 세효를 상하면 상부의 문책이 있고
  이때 등사나 백호가 세효를 형하면 구금이다.

● 관이 동하여 세효와 상합하거나 용신이 동하여 세효를 극하면
  승진의 징조가 있지만, 이때 타효가 세효를 형극하면 오히려 흉화가
  생긴다.

● 일진이 세효를 충하면 과실을 저지르고 비난을 받는다.
  이때 세효가 형제이면 뇌물을 탐하고,
  손효이면 재산관리나 정사태만이나 주색으로 비난을 받는다.

● 세효가 부효이면 일의 과실로 비난을 받고,
  세효가 관이면 가혹한 처리로 비난을 받는다.

● 세효가 월령과 비화될 때는 욕먹어도 탈은 없다.
● 관이 왕상하면 고관(高官), 휴수사절(休囚死絶)되면 소관(小官)이다.

● 재가 동하여 관을 생하면 진급하고,
  재가 휴수공파(休囚空破)되거나 충파되면 좌천(左遷)이다.

● 재관 중 하나가 동하여 일진이나 월령에서 생부되고 왕상하면 영전
  승진한다.
● 재관이 같이 왕하면 승진하고, 관이 손으로 화(化)하면 파면될 수 있다.

● 일월이 재를 충파하고 세효와 관이 형해(刑害)될 때는
  정도(正道)를 걷지 않으면 파면될 수 있다.

- 관이 화(化)하여 진신이 되면 승진하고, 손이 동하고 재가 복장되면 파직한다.

- 관이 세효와 생합하면 승진하고, 손이 세효에 있고 형이 동하면 감봉된다.
- 재가 동하여 세효와 생합하면 진급되고, 세효가 년월에게 피상(被傷)되면 낙직한다.

- 문무관을 막론하고 육효가 안정되면 길하다.
- 관이 동하여 세효와 생합하고 충극이 없으면 관에서 명성을 얻는다.

- 태세가 동하여 등사나 백호에 있는 세효를 극상(剋傷)하면 구속된다.
- 관이 무기하지만 재가 동하여 관을 생하면 소원대로 성취되고 승진한다.

- 관이 부와 합을 하면 승진하거나 영전한다.
- 부가 왕하고 관이 청룡에 있으면 승진하거나 영전한다.

- 2효의 관이 진신이 되면 승진이나 영전하고, 퇴신이면 퇴직한다.
- 백호 관이 형을 띠고 왕상하면 장군의 직책이다.

- 지방관직은 재가 왕해야 하고, 부가 동하거나 공망이 되면 좋지 않다.
- 재가 공망이면서 절(絕)일 때 손이 동하면 군인은 강등(降等)이다.

- 무관(武官)은 손이 동하면 전쟁에서 공(功)을 세우고
  이때 세효가 응효를 극하면 길하다.

- 태세가 세효와 생합하면 승진한다. 그러나 관이 암동하면 좋지 않다.
- 세효가 공망이 되고 삼전(三傳)의 극을 받으면 재앙이 있거나 흉액이
  있을 수 있다.

			수천수 ← 건위천	건금(乾金)궁		
청룡	孫子	‖	父戌	✗	世	
현무		┃	兄申	┃	身	巳월
백호	兄申	‖	官午	✗		丁巳일
등사		┃	父辰	┃	應	공망 子丑
구진		┃	財寅	┃	命	
주작		┃	孫子	┃		

승진에 관한 점

- 승진은 관이 용신이고, 원신인 재를 참고한다.
- 4효와 상효 두 개의 효가 동했다.
- 용신 午火가 세효를 화생토하니 기쁜 일이 있다.
- 용신 午火가 월일에서 비화되니 긍정적이다.
- 2효에 있는 원신 寅이 寅午戌을 이루는 시기에 승진한다.
- 寅월이나 寅일이 될 것이다.

		손위풍	⟸	수산건	태금(兌金)궁		
등사	財卯	I	孫子	⚊⚋	命		
구진		I	父戌	I			亥월
주작		II	兄申	II	世		辛酉일
청룡		I	兄申	I	身		공망 子丑
현무	孫亥	I	官午	⚊⚋		財卯	
백호		II	父辰	II	應		

언제 승진될까?

- 승진은 관을 보고 원신을 참고하니 2효에서 동한 午火가 용신이다.
- 용신은 회두극이 되고 월에서 극을 받고 일에서 휴수된다.
- 상효에서 동한 子水가 용신을 충하니 승진은 힘들다.
- 상효의 子水는 현재 공망이니 甲子일에 승진 탈락 소식을 받았다.

		지택림	⟸	수풍정	진목(震木)궁		
등사		II	父子	II			
구진	父亥	II	財戌	⚊⚋	身世		卯월
주작		II	官申	II		孫午	辛巳일
청룡	財丑	II	官酉	⚊⚋			공망 申酉
현무		I	父亥	I	命應	兄寅	
백호	孫巳	I	財丑	⚊⚋			

승진 가능?

- 승진은 관이 용신이니 3효와 4효의 申酉金이 용신이다.
- 3효의 酉金이 공망이며 동하였으니 용신으로 한다.
- 용신 酉金은 巳酉丑 삼합으로 왕하지만 현재 공망이다.
- 공망에서 벗어나는 申이나 酉일에 승진이 가능하다.

- 申일에는 申酉戌로 관이 강해진다.
- 반드시 승진할 것이다.

			산뢰이 ⇐ 이위화		이화(離火)궁		
백호		I	兄巳	I	身 世		
등사		II	孫未	II			寅월
구진	孫戌	II	財酉	✗			壬午일
주작	孫辰	II	官亥	✗	命 應		공망 申酉
청룡		II	孫丑	II			
현무		I	父卯	I			

언제 승진될까?

- 승진에 관한 것은 관이 용신이고 원신인 재를 참고한다.
- 용신은 3효에서 동한 亥水가 용신이다.
- 용신은 월과 합이 되고 일에서 휴수된다.
- 4효가 동하여 회두생되면서 용신을 생한다.
- 현재 4효에서 동한 酉金은 공망이다.
- 원신의 힘이 강하니 원신이 출공하는 酉월이나 원신을 회두생하는 戌
  월이 기회이다.

			풍뢰익 ⇐ 간위산		간토(艮土)궁		
청룡		I	官寅	I	命 世		
현무	父巳	I	財子	✗			辰월
백호		II	兄戌	II			丙子일
등사	兄辰	II	孫申	✗	身 應		공망 申酉
구진		II	父午	II			
주작	財子	I	兄辰	✗			

승진 가능?

● 승진점이나 구직점은 관이 용신이다.

● 관은 상효에 있다.

● 초효와 3효와 상효가 동하여 서로 생하고 있다.

● 용신은 월에서 휴수되고 일의 생을 받고 있다.

● 현재 3효 申金이 공망이어서 원신을 생하지 못하고 있다.

● 申金이 출공되어 원신을 생할 수 있는 申일이나 申월에 승진할 것이다.

			산택손 ← 간위산		간토(艮土)궁		
청룡		I	官寅	I	命 世		
현무		II	財子	II			寅월
백호		II	兄戌	II			丙申일
등사	兄丑	II	孫申	⚊	身 應		공망 辰巳
구진	官卯	I	父午	⚊			
주작	父巳	I	兄辰	⚊			

승진 가능?

● 승진은 관이 용신이고 원신인 재를 참고한다.

● 상효에 있는 寅木이 용신이다.

● 용신은 월과 비화되고 일에서 충을 맞고 있다.

● 3효가 동하여 회두생되면서 용신을 충하고 있다.

● 승진은 불안하다.

● 그러나 초효의 辰土가 동하여 申子辰 삼합을 이루니 용신을 생하게 된다.

● 용신을 충하던 申金이 생으로 변한 것이다.

● 辰은 현재 공망이므로 辰월에 승진할 것이다.

			⇐ 수천수	곤토(坤土)궁			
현무			財子	‖	命		
백호			兄戌	│			未월
등사			孫申	‖	世		乙酉일
구진			兄辰	│	身		공망 午未
주작			官寅	│		父巳	
청룡			財子	│	應		

승진 가능?

- 승진점은 관이 용신이니 2효에 있는 寅木이다.

- 용신은 월에서 휴수되고 일에서 극을 당한다.

- 또 세효가 용신을 충하니 승진은 힘들다.

			⇐ 풍산점	간토(艮土)궁			
등사			官卯	│	命 應		
구진			父巳	│		財子	卯월
주작			兄未	‖			庚子일
청룡			孫申	│	身 世		공망 辰巳
현무			父午	‖			
백호			兄辰	‖			

승진 가능?

- 승진은 관이 용신이니 상효에 있는 卯木이다.

- 용신 卯木은 월에서 지세하고 일에서 생을 받고 있다.

- 그러나 관이 응효에 있어 다른 사람의 관이다.

- 세효에 있는 申金이 관을 극하니 나의 승진 가능성은 없다.

	진위뢰 ⇐ 이위화		이화(離火)궁				
등사	孫戌	∥	兄巳	✗	身 世		
구진		∥	孫未	∥			卯월
주작		l	財酉	l			辛亥일
청룡	孫辰	∥	官亥	✗	命 應		공망 寅卯
현무		∥	孫丑	∥			
백호		l	父卯	l			

승진점

- 승진은 관이 용신이니 3효의 亥水이다.

- 관은 회두극을 당하며 변효에 입묘되고 있다.

- 용신은 월에서 설기되고 일과 비화되고 있다.

- 월은 현재 공망이다.

- 상효에 있는 巳火가 동하여 용신 관을 극한다.

- 세효가 관을 극한다는 것은 나와 인연이 없다는 뜻이다.

- 세효 巳火는 변효 戌土에 입묘되어 힘이 없다.

- 승진할 수 없다.

	지풍승 ⇐ 뢰풍항		진목(震木)궁				
현무		∥	財戌	∥	應		
백호		∥	官申	∥			午월
등사	財丑	∥	孫午	✗	身		甲辰일
구진		l	官酉	l	世		공망 寅卯
주작		l	父亥	l		兄寅	
청룡		∥	財丑	∥	命		

승진에 관한 점

- 승진에 관한 점은 관을 용신으로 하고 원신인 재를 참고한다.

- 3효에 있는 酉金이 용신이다.

- 용신이 일진과 辰酉합이 된 것은 긍정적이다.

- 용신이 월에 극을 당하고 있고 일에서 생을 받고 있다.

- 4효의 午火가 동하여 용신을 극하고 있다.

- 그러나 상효의 戌土가 암동하여 용신을 생한다.

- 기신인 午火를 통관시키는 역할도 한다.

- 통관의 역할을 하는 戌월이나 戌일에 승진할 수 있다.

			뇌수해 ⇐ 뢰풍항		진목(震木)궁		
청룡		‖	財戌	‖	應		
현무		‖	官申	‖			卯월
백호		Ⅰ	孫午	Ⅰ	身		丙午일
등사	孫午	‖	官酉	✗	世		공망 寅卯
구진		Ⅰ	父亥	Ⅰ		兄寅	
주작		‖	財丑	‖	命		

승진점

- 승진점은 관을 용신으로 하고 원신인 재를 참고한다.

- 용신이 3효에서 동하여 회두극이 되었다.

- 용신은 월파 당하고 있다. 일에서도 극을 당하고 있다.

- 승진은 힘들다.

- 직장에 있는 사람이라면 직장도 불안하다.

	산택손 ⇐ 산천대축		간토(艮土)궁				
백호		I	官寅	I	命		
등사		II	財子	II	應		亥월
구진		II	兄戌	II			壬午일
주작	兄丑	II	兄辰	✗	身	孫申	공망 申酉
청룡		I	官寅	I	世	父午	
현무		I	財子	I			

승진에 관한 점

- 승진은 관이 용신이니 2효와 상효에 있다.
- 2효의 관이 지세하니 관과 인연이 깊다.
- 용신은 월에서 생을 받고 일에서 암동한 초효 子水의 생을 받고 있다.
- 관이 용신일 때 기신은 손이 되는데 복신으로 있다.
- 복신 申金은 공망이고 월일에서 극당하고 휴수되니 진공(眞空)이다.
- 3효 형이 동한 것은 경쟁자가 있다는 것이다.
- 辰土가 동해 丑土가 되니 퇴신으로 힘이 약화된다.
- 경쟁자를 물리치고 승진할 것이다.

	화풍정 ⇐ 산풍고		손목(巽木)궁				
등사		I	兄寅	I	應		
구진		II	父子	II		孫巳	戌월
주작	官酉	I	財戌	✗	身		辛酉일
청룡		I	官酉	I	世		공망 子丑
현무		I	父亥	I			
백호		II	財丑	II	命		

승진점

- 용신은 3효의 酉金이다.
- 용신이 지세하니 긍정적이다.
- 용신이 월에서 생을 받고 있고 일에서 비화되고 있다.
- 4효가 동하여 용신을 생한다.
- 원신인 초효의 丑土가 공망이니 출공하는 날 승진할 것이다.

		택풍대과 ⇐ 뢰풍항		진목(震木)궁		
백호		▮▮	財戌	▮▮	應	
등사	官酉	▮	官申	✗		辰월
구진		▮	孫午	▮	身	癸未일
주작		▮	官酉	▮	世	공망 申酉
청룡		▮	父亥	▮		兄寅
현무		▮▮	財丑	▮▮	命	

승진점

- 승진점은 관을 보는데 3효와 5효에 있다.
- 관이 두 개일 때는 세효에 붙은 관이 용신이다.
- 동효 5효 申金은 동하여 酉金이 되니 진신이 되었다.
- 관이 둘 다 공망이다.
- 용신은 월일에서 생을 받고 있다.
- 동효가 공망에서 출공되는 申월이나 申일에 승진한다.

		뢰풍항 ⇐	택풍대과	진목(震木)궁			
구진		‖	財未	‖	身		
주작	官申	‖	官酉	✗			寅월
청룡		∣	父亥	∣	世	孫午	己巳일
현무		∣	官酉	∣	命		공망 戌亥
백호		∣	父亥	∣			
등사		‖	財丑	‖	應		

승진점

● 승진은 관이 용신이다.

● 관은 3효와 5효에 있다.

● 용신 酉金이 월에 휴수되고 일에서 극을 받고 있다.

● 5효 동효는 酉金이 申金으로 변하니 퇴신이다.

● 세효조차 일에서 충을 당하니 승진은 어렵다.

		건위천 ⇐	지천태	곤토(坤土)궁			
백호	兄戌	∣	孫酉	✗	應		
등사	孫申	∣	財亥	✗	身		丑월
구진	父午	∣	兄丑	✗			壬子일
주작		∣	兄辰	∣	世		공망 寅卯
청룡		∣	官寅	∣	命	父巳	
현무		∣	財子	∣			

남편 승진점

● 남편에 관한 것은 관이 용신이니 2효의 寅木이 용신이다.

● 寅木은 일에서 생을 받고 있다.

● 4효가 동하여 회두생되면서 丑土가 상효의 酉金을 생한다〔탐생망극〕.

- 5효가 동하여 회두생되면서 亥水가 용신인 寅木을 생한다〔탐생망극〕.

- 상효가 동하여 회두생되면서 5효의 亥水를 생한다〔탐생망극〕.

- 회두생이 되면 동효가 더 큰 힘을 가지고 생하거나 극하지만 생이 우선이다.

- 용신 寅木은 현재 공망이다.

- 모든 효가 서로 도우니 공망에서 벗어나는 寅월에 승진할 것이다.

			산화비 ⇐	산천대축	간토(艮土)궁		
백호		I	官寅	I	命		
등사		II	財子	II	應		寅월
구진		II	兄戌	II			癸亥일
주작		I	兄辰	I	身	孫申	공망 子丑
청룡	兄丑	II	官寅	✗	世	父午	
현무		I	財子	I			

승진점

- 승진은 관과 관련이 있으니 2효에 있는 寅木이다.

- 용신은 월에서 비화되고 일에서 생을 받는다.

- 더구나 용신 관이 세효와 함께 있으니 승진할 것이다.

			지화명이 ⇐	수화기제	감수(坎水)궁		
등사		II	兄子	II	身 應		
구진	兄亥	II	官戌	✗			巳월
주작		II	父申	II			辛未일
청룡		I	兄亥	I	命 世	財午	공망 戌亥
현무		II	官丑	II			
백호		I	孫卯	I			

승진점

- 승진점은 관이 용신이다.
- 관은 2효와 5효에 있는데 동한 5효 戌土가 용신이다.
- 용신은 현재 공망이다.
- 용신은 월의 생을 받고 있고 일에서 비화되고 있다.
- 출공하는 戌월에 승진이 가능하다.

		지화명이	⇐	수화기제		감수(坎水)궁	
주작		‖	兄子	‖	身 應		
청룡	兄亥	‖	官戌	✗			申월
현무		‖	父申	‖			戊戌일
백호		ǀ	兄亥	ǀ	命 世	財午	공망 辰巳
등사		‖	官丑	‖			
구진		ǀ	孫卯	ǀ			

승진 가능할까?

- 용신은 5효에 있는 관이 용신이다.
- 2효에도 관이 있으나 동한 효가 용신이다.
- 용신 관은 월에서 휴수되고 일과 비화되고 있다.
- 일에서 비화되고 관이 동하니 승진이 가능하다.

	지화명이	⇐ 지천태		곤토(坤土)궁		
등사		‖	孫酉	‖	應	
구진		‖	財亥	‖	身	丑월
주작		‖	兄丑	‖		辛亥일
청룡		Ⅰ	兄辰	Ⅰ	世	공망 寅卯
현무	兄丑	‖	官寅	✗	命 父巳	
백호		Ⅰ	財子	Ⅰ		

승진 가능?

- 용신은 관이니 2효에 있는 寅木이다.

- 寅木은 일진의 천을귀인이기도 하다.

- 용신은 월에서 휴수되고 일에서 생을 받고 있다.

- 세효에 형이 있어 관과 인연은 약하지만 동효가 극하니 좋다.

- 구직이나 승진은 세효를 극하면 좋다.

신수점(身數占)·신명점(身命占)

- 자기 점에서는 세효가 용신이고

  대신 치는 점은 해당 육친을 용신으로 정한다.

- 신수점은 재효보다는 세효 중심으로 보는데, 세효가 왕상해야 한다.

- 육친의 길흉, 건강, 수명은

  지세와 생극, 합, 충, 왕상, 휴수, 공파(空破), 묘절 등으로 판단한다.

- 육합괘는 모든 일이 순조롭지만, 육충괘는 성패가 많다.
- 육충괘가 나오면 그 해에 굴곡이 많고, 육합괘는 흉액이 적다.

- 세효가 동하면 신변에 변화가 일어난다.
- 세효가 유정(有情)하여 건왕하면 개업, 전업, 출행 등에는 경사가 있다.

- 세효가 휴수하거나 무기하여 공파묘(空破墓)나 충극이 되면
  본인에게 질병, 근심 또는 걱정이 있다.

- 세효는 왕상해야 부귀장수하고
  휴수하거나 묘절되고 부조가 없으면 빈천단명하다.

- 세효가 손과 있으면 덕망이 있고 의식이 궁할 때가 없다.
- 손은 희열, 복덕, 유흥, 주색, 명예, 손상이다.

- 세효나 용신이 일진, 월령 또는 동효와 합이 되면 귀인의 도움이 있다.
- 은복된 용신이 동효와 합이 되어도 귀인의 도움이 있다.

- 용신이나 세효가 휴수, 공파(空破), 묘절되고
  또 동효에 극을 받고 흉살에 놓이면 재앙을 면키 어렵다.

- 세효가 형과 같이 있으면 사업이나 구재에는 좋지 않다.
- 또한 형제자매로 인하여 손재한다.

- 세효가 일진이나 월령의 생부를 받고 왕상하면 연중 매사 크게 길하다.
- 세효가 휴수되고 공파(空破)나 묘절되면 연중 풍파나 재앙이 있다.

- 일년 신수점은 월령이 중요하다.
- 용신을 생부해주는 달은 길월이고, 용신을 극제, 휴수시키는 달은 불
  길하다.

- 세효가 부와 있으면 일생 어려운 일이 많다.
- 부효는 상심, 피로, 부동산, 문서 등이다.

- 세효나 용신은 왕상하면 좋다. 그리고 일진이나 월령의 생부를 얻으면 일생동안 부귀와 복록을 누린다.

- 세효나 용신이 휴수(休囚) 또는 묘절되면 길흉성패가 자주 반복된다.
- 세효나 용시이 월령의 충을 만나면 일진의 생부가 있어도 장수하지 못한다.

- 재가 동하면 본괘의 재를 본처로 보고 그 외에는 첩(妾)이나 애인으로 본다.

- 세효가 관과 있으면 질병이 따르나 귀격에는 권력을 누린다.
- 관은 재앙, 흉사, 공명을 나타내니 농사에서 관은 흉하다.

- 세효로 자신의 일생동안 빈부귀천이나 흥망성쇠를 본다.
- 응효로 처를 보는데 재에 중점을 둔다.

- 세효와 응효가 서로 합이 되면 부부가 화목하고, 세효와 응효가 서로 상충이 되면 부부가 불화한다.

- 세효와 응효가 한 자 건너 격각이면 형이 다르며 두 성(姓)이 동거한다.
- 응효가 택효에 놓이면 다른 성(姓)이 동거한다.

- 세효가 형과 있으면 빈한하고 재물을 못 모은다. 처복이 없다.
- 형은 극처, 파재, 동업, 질병을 나타낸다.

- 세효가 재와 있으면 사업이 흥하고 재복은 있지만, 재가 강하면 불효할 수 있다.
- 재는 극부, 금전, 경영, 발재(發財)이다.

- 일진의 충보다 월파를 만나게 되면 더 흉하다.
- 월파되면 일진의 생부도 효과가 적다.

- 부가 왕해 세효를 생하면 부모나 상사덕이 있다.
- 손이 세효를 생하면 자손 및 부하, 아랫사람의 도움이 있다.

- 용신이 왕상하고 일진이나 월령의 생부를 받으면 일 년 동안 크게 길하다.
- 용신이 휴수묘절이 되거나 일진이나 월령에게 극파를 당하면 그 해는 흉하다.

- 신수점에서 재와 손은 왕하면 길하고 쇠약하면 흉하다.
- 신수점에서 형과 관은 미약하면 좋다. 강하면 손재나 질병 또는 구설이 있다.

- 흉살이 재효이면 처첩, 여자 또는 금전 때문에 고통을 받고 흉살이 관이면 남편이나 남자 또는 관의 일로 고통을 당한다.

- 형이 세효에 있고 재가 동하면 돈을 구하려 하지만 못 구한다.
- 등사 관이 역마를 띠고 동하면 교통사고가 있다.

- 세효가 연월일에서 심하게 형극을 당하면 실패, 신액(身厄) 또는 심하면 감옥에 간다.

- 형이 지세하면 왕상휴수를 불문하고 사업상의 변화나 처첩의 고통이 있다.
- 손이 지세하고 왕상하면 사업이나 자손에게 길경사가 있다.

- 형이 세효를 생하면 형제, 자매, 친구 덕이 있다.
- 재가 세효를 생하면 처첩, 또는 다른 여자 덕이 있다.
- 관이 세효를 생하면 귀인 또는 관리의 덕이 있다.

- 손이 지세하고 휴수하거나 충파되면 실직, 파직이나 남편에게 근심이 있다.
- 세효가 관과 같이 있으면 손재수, 질병, 관재수 있지만 구관에는 좋다.

- 세효가 부와 같이 있으면 노고(勞苦)가 있고
  이때 재가 동하면 뇌물을 먹다가 명예 훼손 당한다.

- 육친이 나타나지 않거나 진공(眞空)이나 진파(眞破)가 되면
  해당 육친이 없거나 있어도 없는 것과 같다.

- 재가 지세하고 건왕하면 사업상의 문제로 길하고,
  재가 지세하고 휴수되거나 충극(沖剋)되면 여자와 금전상의 문제는
  흉하다.

- 부가 지세하고 왕상 유기하면 부동산 매매 등 인허가 문제가 좋고,
  부가 지세하고 휴수 무기하면 자손에게 근심이나 걱정이 있다.

- 형이 세효에 있으면 연중 재수가 없고 손실이 많다.
- 손이 세효에 있으면 연중 기쁨이 있고 편안하다.
- 재가 세효에 있으면 발재(發財)가 있고 가문이 흥한다.
- 관이 세효에 있으면 연중 놀라는 일이 있고 재앙과 손실이 있다.
- 부가 세효에 있으면 연중 상심으로 고생한다.

- 부가 왕하여 응효나 세효를 생하면 시험에서 크게 길하다.

- 형과 관이 같이 동하면 손재나 구설이 있다.
- 관효 밑에 용신이 은복되면 입옥이나 사망수가 있다.

- 재효 밑에 관이 복(伏)하거나 관효 밑에 재가 은복되면
  관재나 물건을 분실할 수가 있다.

- 세효가 공망이 되거나 세효가 월파 또는 일충이 되면
  연중 모든 일이 이루어지지 않는다.

- 형이 동하면 손재 구설이 있다.
- 손이 동하면 이사 후 집안이 융성하지만 남편에게 근심이 있다.
- 재가 동하면 발재하지만 부모가 상(傷)하거나 가옥에 문제가 생긴다.
- 관이 동하면 질병이 있거나 관재가 생긴다.

- 세효에 역마가 놓여 동하면 원행(遠行)을 한다.
- 부가 동하면 신고(辛苦)하고 상심하며 자손에게 근심이 생긴다.

- 재가 세효와 상합해도 부부가 화목하다.

- 관이 왕상하여 세효를 생하면 관의 영화가 있다.
- 백호 형이 동하여 재를 극하면 처액(妻厄)이 있고 파재(破財)한다.

- 효의 육친으로 육친을 분별하고, 효의 음양으로 남녀를 분별한다.
  그리고 육친의 왕쇠로 능력과 건강을 본다.

- 부가 중출(重出)하고 세효와 생합하면 부모를 중배(重拜)한다.
- 세효가 극을 받고 손이 사묘절공(死墓絶空)되면 타인에게 기식(寄食)
  한다.

- 세효와 응효와 관이 상극되면 부부가 반목한다.
- 세효, 응효, 재가 육충이 되면 부부가 이별한다.

- 백호 형이 동하여 재를 극하면 상처(喪妻)하기 쉽다.
- 백호 손이 동하여 관을 극하면 상부(喪夫)하기 쉽다.

- 괘중에 재가 중복해서 나타나면 응효의 재를 본처로 보고
  그 외는 첩(妾)으로 본다.

- 처자(妻子)를 극하는 명(命)이니 속세를 등진다.
- 손이 회두극되면서 관이 절에 이르면 자녀가 흉액이 있을 수 있다.

- 관왕(官旺)하고 세효도 왕한데 재 관 부가 귀인을 대하여
  세와 생합하면 고관으로 출세한다.

- 재가 손을 보지 못하고 변효에서 손을 보면
  본처에 자식이 없고 후처에게 자식을 얻는다.

- 세효를 일진이 생해도 월파가 되면 장수하지 못한다.
- 세효, 응효, 그리고 재가 삼합하여 두 관과 합을 하면 아내의 남편이 둘
  이다.
- 내·외괘에 재가 있고 모두 왕상하면 처첩이 있다.

- 세효가 상효에 지세하면 조업(祖業)을 파(破)하고 자수성가한다.
- 관과 부가 같이 왕하면 글로써 출세한다.

- 세효와 신(身)이 공망이 되면 일생동안 뜻하는 바를 이루기 어렵다.
- 세효와 신(身)이 묘절이 되면 하는 일이 성사되지 못한다.

- 손효나 재가 왕하면 길하다.
- 형이나 관이 왕하면 재앙과 질고(疾苦)가 많다.

- 형이 세효에 있으면 극처하고 재물을 모으지 못한다.
- 손이 세효에 있으면 의식이 족하고 일생 관재가 없으나 여명(女命)은
  남편을 극한다.

- 세효가 일진이나 월령에 휴수하거나 묘절이 되면 일생 고생한다.
- 세효가 일진이나 월령에 생부를 받아 왕상하면 일생 형통한다.

- 세효가 년월일의 생부를 받으면 귀인의 도움으로 가정을 꾸린다.
- 세효가 무기할 때 일진이나 동효의 생부가 있으면 가정을 이룬다.

- 세효가 년월일의 생부를 받지 못하고 동할 때
  회두생이 되거나 진신이 되어 스스로 왕하면 자수성가한다.

- 육효가 난동하고 형충파해 되면 골육간에 화합이 없고 풍파가 많다.
- 육효가 안정되고 형충파해가 없이 상생 상합되면 화목한 가정이다.

- 세효가 공파(空破)되면 일생이 빈한하다.
- 왕(旺)한 관이 세효를 극하면 다병(多病)하고 단명한다.

- 재는 있고 관이 없으면 재물을 득해도 다 나가게 된다.
- 사생지, 사왕지, 사고지로 아동과 청년과 노년을 분별한다.

- 손이 암동하여 세효를 생하면 멀리 갔던 자식이 돌아온다.

			곤위지 ⇐ 감위수		감수(坎水)궁		
현무		‖	兄子	‖	世		
백호	兄亥	‖	官戌	✗			卯월
등사		‖	父申	‖	命		乙酉일
구진		‖	財午	‖	應		공망 午未
주작	財巳	‖	官辰	✗			
청룡		‖	孫寅	‖	身		

나의 신수점

- 나에 관한 것은 세효가 용신이니 상효의 子水이다.
- 子水는 월에서 휴수되고 일에서 생을 받고 있다.
- 2효가 동하여 회두생되며 용신을 극한다.
- 5효 동하여 용신을 극한다.
- 두 개의 동효가 용신을 극하니 무척 흉하다.
- 午火가 공망에서 벗어난 午월에 배가 뒤집혀 사망하였다.
- 午火가 용신을 충하던 때였다.

		진위뢰 ⇐ 수지비		곤토(坤土)궁		
백호		‖	財子	‖	應	
등사	孫申	‖	兄戌	⚊╱		丑월
구진	父午	⚊	孫申	⚋╱	身	壬戌일
주작		‖	官卯	‖	世	공망 子丑
청룡		‖	父巳	‖		
현무	財子	⚊	兄未	⚋╱	命	

자기의 신수점

- 자기의 신수점은 세효를 중심으로 본다.

- 세효에 관이 있어 극을 받으니 스트레스에 시달린다.

- 초효가 동하여 세효를 휴수시키니 형제가 도움이 안 된다.

- 초효는 丑戌未 삼형이 되는데 현재는 丑이 공망이다.

- 4효가 동하여 회두극되며 세효를 극하니 자식도 도움이 안 된다.

- 5효에서 동한 형은 卯戌합으로 도움이 된다.

- 내부의 형제는 도움이 안 되고 외부의 친구는 도움이 되는 것이다.

- 세효가 월일에서도 휴수되니 신수가 좋지는 않다.

		산수몽 ⇐ 지수사		감수(坎水)궁		
등사	孫寅	⚊	父酉	⚋╱	應	
구진		‖	兄亥	‖		酉월
주작		‖	官丑	‖	命	辛酉일
청룡		‖	財午	‖	世	공망 子丑
현무		⚊	官辰	⚊		
백호		‖	孫寅	‖	身	

자기 신수점

- 세효가 용신이니 3효에 있는 午火이다.
- 용신 午火는 월일에서 휴수되고 있다.
- 부효 문서가 상효에서 동하였으니 문서 문제이다.
- 문서 문제로 골머리를 앓고 있다가 申일이 되자 해결되었다.
- 申일에 원신 寅을 암동시키니 문서 문제가 해결된 것이다.

			태화혁 ⇐ 뢰천대장	곤토(坤土)궁			
주작		‖	兄戌	‖			
청룡	孫酉	❙	孫申	⚊			申월
현무		❙	父午	❙	命 世		戊戌일
백호		❙	兄辰	❙			공망 辰巳
등사	兄丑	‖	官寅	⚊			
구진		❙	財子	❙	身 應		

아들의 근황

- 아들은 손이 용신이니 5효에 있는 申金이다.
- 申金 용신은 동하여 진신이 되고 월일에서 생부를 받고 있다.
- 2효 寅木이 동하여 용신을 충한다.
- 2효에서 동한 관과 충돌을 하니 법적인 문제로 시달리고 있다.
- 그러나 월일에서 생부를 받고 동하여 진신으로 화(化)하니 해결이 될 것이다.

	풍뢰익	⇐	천화동인		이화(離火)궁	
등사		I	孫戌	I	身 應	
구진		I	財申	I		丑월
주작	孫未	‖	兄午	✗		庚寅일
청룡	孫辰	‖	官亥	✗	命 世	공망 午未
현무		‖	孫丑	‖		
백호		I	父卯	I		

신수점

- 나의 오늘의 운세는?
- 나의 점은 세효가 용신이니 3효에 있는 亥水이다.
- 세효에 관이 지세하니 일단 압박을 당하는 날이다.
- 용신 亥水는 동하여 변효에 입묘되며 극을 당한다.
- 용신은 월에서 극을 당하고 일과 합으로 휴수된다.
- 공망이 된 4효 午火도 동하여 용신을 휴수시키니 일진은 좋지 않다.

	간위산	⇐	지산겸		태금(兌金)궁		
현무	財寅	I	兄酉	✗	身		
백호		‖	孫亥	‖	世		酉월
등사		‖	父丑	‖			甲子일
구진		I	兄申	I	命		공망 戌亥
주작		‖	官午	‖	應	財卯	
청룡		‖	父辰	‖			

자기 신수점

- 세효가 용신이니 5효에 있는 亥水가 용신이다.
- 亥水는 월에서 생을 받고 일진과 비화되고 있다.

- 그러나 현재 공망이다.

- 상효에서 동한 동효 酉金도 용신을 생하니 큰 변화는 없다.

			수화기제 ⇐ **수천수**		**곤토(坤土)궁**		
청룡		‖	財子	‖	命		丙辰년
현무		I	兄戌	I			寅월
백호		‖	孫申	‖	世		丁亥일
등사		I	兄辰	I	身		공망 午未
구진	兄丑	‖	官寅	✗		父巳	
주작		I	財子	I	應		

신수점

- 신수점은 세효가 용신이다.

- 세효가 월에게 월파당했고 일에서 금생수로 휴수된다.

- 2효가 동하여 형을 화출하였으나 변효는 동효에게만 영향을 미친다.

- 동효가 구진이니 땅이나 집과 연관될 수 있다.

- 부가 기신인데 복신으로 숨어 있어 다행이다.

- 복신과 寅申巳 삼형이 되고 2효가 동하여 세효와 충이 되니 전세금 문제가 발생했다.

- 복신이 드러나던 巳일이었다.

	건위천	⇐	수천수		곤토(坤土)궁		
백호	兄戌	I	財子	X	命		
등사		I	兄戌	I			卯월
구진	父午	I	孫申	X	世		癸亥일
주작		I	兄辰	I	身		공망 子丑
청룡		I	官寅	I		父巳	
현무		I	財子	I	應		

신수점

- 신수점은 세효 중심으로 가족을 본다.
- 현재 4효가 동하여 회두극당해 나의 신수는 별로다.
- 4효 申金은 월일에서도 휴수되고 있다.
- 상효 子水가 동해 역시 회두극당하니 처도 좋은 편이 아니다.
- 상효는 월에서 子卯형이 되지만 일에서 도움을 받고 있다.
- 다행히 처는 현재 공망이니 어려움을 피하고 있지만 子일이 오면 힘들어진다.
- 午월에 세효와 자식이 화극금을 당하고, 처는 월파를 당한다.

	천화동인	⇐	천뢰무망		손목(巽木)궁		
현무		I	財戌	I			
백호		I	官申	I			子월
등사		I	孫午	I	命世		乙未일
구진	父亥	I	財辰	X			공망 辰巳
주작		II	兄寅	II			
청룡		I	父子	I	身應		

부친 신수점

- 부친은 부가 용신이니 초효의 子水이다.
- 子水는 월에서 비화되고 일에서 극을 당한다.
- 3효의 동효가 동하여 용신을 극한다.
- 동효는 현재 공망으로 힘이 없다.
- 辰이 출공하면 용신을 극하고, 변효도 극을 당해 힘이 없으니 도움이 안 된다.

			수화기제 ⇐ 수지비		곤토(坤土)궁		
현무		‖	財子	‖	應		
백호		Ⅰ	兄戌	Ⅰ			寅월
등사		‖	孫申	‖	身		乙未일
구진	財亥	Ⅰ	官卯	✗	世		공망 辰巳
주작		‖	父巳	‖			
청룡	官卯	Ⅰ	兄未	✗	命		

신수점

- 신수점은 세효 중심으로 본다.
- 세효에 관귀가 있고 동하고 있다.
- 세효는 회두생되어 관귀가 더욱 강해진다.
- 관귀는 나를 극하는 것이니 압박이 심하다는 의미이다.
- 용신이 월에서 비화되고, 일에서 亥卯未 삼합이 되니 신수가 좋지 못하다.
- 관이 재에게 회두생된다는 것은 재물로 인한 관재로 볼 수 있다.

		지화명이	⇐ 수화기제	감수(坎水)궁		
등사		‖	兄子	‖	身 應		
구진	兄亥	‖	官戌	✗			巳월
주작		‖	父申	‖			辛未일
청룡		｜	兄亥	｜	命 世	財午	공망 戌亥
현무		‖	官丑	‖			
백호		｜	孫卯	｜			

신수점

- 신수점은 세효가 용신이다.
- 세효는 3효에 있는 형 亥水이다.
- 亥水가 월파되고 일에게 극을 받고 있다.
- 5효가 동하여 용신을 극한다.
- 2효 丑도 암동하여 용신을 극한다.
- 현재 戌土와 亥水는 공망이다.
- 공망이 출공하는 戌이나 亥일을 조심해야 한다.

		수화기제	⇐ 풍화가인	손목(巽木)궁		
등사	父子	‖	兄卯	✗			
구진		｜	孫巳	｜	命 應		寅월
주작		‖	財未	‖			辛酉일
청룡		｜	父亥	｜		官酉	공망 子丑
현무		‖	財丑	‖	身 世		
백호		｜	兄卯	｜			

신수점

- 신수점은 세효를 중심으로 본다.

- 세효가 재와 함께 있으니 재와 인연이 있다.
- 그러나 세효는 월일에게 극을 당하거나 휴수되고 있다.
- 상효가 동하여 회두생되면서 세효를 극하니 손재가 있다.
- 현재 세효는 공망으로 타격이 없으나 출공되는 子丑일에는 손재가 예상된다.
- 子일은 변효가 공망에서 출공하여 동효에 힘을 실어주는 날이다.

			화산려 ⟸ 뢰화풍		감수(坎水)궁		
주작	財巳	Ⅰ	官戌	Ⅼ	命		
청룡		Ⅱ	父申	Ⅱ	世		未월
현무		Ⅰ	財午	Ⅰ			戊申일
백호		Ⅰ	兄亥	Ⅰ	身		공망 寅卯
등사		Ⅱ	官丑	Ⅱ	應		
구진	官辰	Ⅱ	孫卯	Ⅼ			

직업 불안

- 직업은 관이 용신이니 2효와 상효에 관이 있다.
- 동한 상효의 관 戌土가 용신이다.
- 戌土는 월에서 비화되고 일에서 휴수된다.
- 용신은 회두생되어 힘이 있다.
- 용신이 회두생되어 세효를 생하니 긍정적이다.
- 동한 초효가 관을 극하지만 현재 공망이다.
- 세효가 월일에서 비화되고 생을 받으니 관의 변동은 없다.

		산수몽 ⇐	지수사		감수(坎水)궁	
등사	孫寅	I	父酉	X	應	
구진		II	兄亥	II		酉월
주작		II	官丑	II	命	辛酉일
청룡		II	財午	II	世	공망 子丑
현무		I	官辰	I		
백호		II	孫寅	II	身	

자식 문서 일로 골치가 아프다

● 세효를 중심으로 본다.

● 부가 동해 손으로 변한다는 것은 자식의 문서 문제이다.

● 세효는 월일에서 휴수되니 현재 힘이 없어 골치가 아프다.

● 내가 힘이 생길 때는 木火운이다.

● 申일에 초효가 암동하여 세효를 생하여 힘을 얻었다,

● 酉일이 되자 상효의 동효가 비화되어 문서 일이 해결되었다.

		진위뢰 ⇐	태위택		태금(兌金)궁	
백호		II	父未	II	世	
등사	兄申	II	兄酉	X	命	卯월
구진		I	孫亥	I		癸丑일
주작		II	父丑	II	應	공망 寅卯
청룡	財寅	II	財卯	X	身	
현무		I	官巳	I		

신수점

● 나의 신수점은 세효가 용신이다.

● 상효에 있는 未土가 용신이다.

- 未土는 월과 동효인 2효에서 극을 받는다.

- 용신 未土는 일과 충이 되고 동한 5효에게 휴수되니 좋지 않다.

- 현재 2효는 공망이다.

- 출공되는 寅이나 卯일에 조심해야 한다.

육수	수산건		⟵ 지뢰복		곤토(坤土)궁	
주작		‖	孫酉	‖		
청룡	兄戌	ǀ	財亥	Ⅺ		巳월
현무		‖	兄丑	‖	命 應	戊辰일
백호	孫申	ǀ	兄辰	Ⅺ		공망 戌亥
등사		‖	官寅	‖	父巳	
구진	兄辰	‖	財子	Ⅹ	身 世	

자기 신수점

- 자신의 점은 세효가 용신이니 초효에 있는 子水이다.

- 용신은 변효와 3효에서 동한 辰土와 함께 삼합을 이룬다.

- 일진에도 辰土가 있는데 이 辰土는 용신을 극하는 것이 아니라 합이 된다.

- 5효에서 동한 亥水도 진신이 되면서 용신을 돕는다.

- 용신을 충하는 午월이 지나면 순조로운 한 해가 될 것이다.

			천수송	이화(離火)궁			
백호		I	孫戌	I			
등사		I	財申	I			午월
구진		I	兄午	I	命 世		癸卯일
주작		II	兄午	II		官亥	공망 辰巳
청룡		I	孫辰	I			
현무		II	父寅	II	身 應		

자식에 관한 점

- 자식은 손이 용신이니 2효와 상효에 있다.

- 용신은 월에서 생을 받고 일에서 극을 당하고 있다.

- 2효에 있는 辰은 공망이다.

- 용신이 여러 개 일 때는 형충이나 공망 등으로 동하는 글자를 용신으로 삼는다.

- 2효의 손이 공망으로 용신이다.

- 지금은 공망으로 잠잠하지만 출공하는 辰일에 조심해야 한다.

- 그러나 월에서 생을 받고 있으므로 큰 타격은 아니다.

		화천대유	⇐	건위천		건금(乾金)궁	
현무		Ⅰ		父戌	Ⅰ	世	
백호	父未	Ⅱ		兄申	✕	身	未월
등사		Ⅰ		官午	Ⅰ		甲午일
구진		Ⅰ		父辰	Ⅰ	應	공망 辰巳
주작		Ⅰ		財寅	Ⅰ	命	
청룡		Ⅰ		孫子	Ⅰ		

처에 관한 점

- 처는 재가 용신이니 2효에 있는 寅木이다.
- 寅木은 월일에서 휴수되고 있다.
- 5효가 동하여 용신 재를 충한다.
- 동효는 회두생되니 더욱 강해진다.
- 강한 동효가 용신을 극하니 처는 조심해야 한다.
- 5효는 거리를 나타내니 특히 거리에서 해를 당하지 않도록 한다.

		건위천	⇐	천풍구		건금(乾金)궁		
청룡		Ⅰ		父戌	Ⅰ			
현무		Ⅰ		兄申	Ⅰ	命		巳월
백호		Ⅰ		官午	Ⅰ	應		丙辰일
등사		Ⅰ		兄酉	Ⅰ			공망 子丑
구진		Ⅰ		孫亥	Ⅰ	身	財寅	
주작	孫子	Ⅰ		父丑	✕	世		

부친 언제 귀가?

- 부친은 부가 용신이니 초효와 상효에 있다.
- 동효가 있는 초효의 丑土를 용신으로 삼는다.

- 현재 용신과 변효가 모두 공망이니 부친의 움직임이 없다.

- 丑土는 동하여 변효와 합이 된다.

- 합이 되면 묶이고 답답하다.

- 용신은 월에서 생을 받지만 일에서는 丑辰파가 된다.

- 子丑합으로 묶여 있어 합을 푸는 충일에 귀가할 것이다.

- 변효 子水를 충하는 午일이다.

		지천태	←	풍천소축		손목(巽木)궁		
백호	官酉	‖	兄卯	✗				
등사	父亥	‖	孫巳	✗				酉월
구진		‖	財未	‖	命 應			癸未일
주작		｜	財辰	｜			官酉	공망 申酉
청룡		｜	兄寅	｜				
현무		｜	父子	｜	身 世			

자식이 교통사고 후 입원

- 자식은 손효이니 5효에 있는 巳火이다.

- 5효가 동하여 회두극을 당하니 좋지 않다.

- 巳火는 월일에서 휴수되고 있다,

- 월은 현재 공망이다.

- 상효도 동하여 회두극되니 원신인 형은 용신을 돕지 못한다.

- 월령이 출공되는 酉일에 사망했다.

		뢰택귀매 ⇐ 택수곤		태금(兌金)궁		
등사		II	父未	II	命	
구진	兄申	II	兄酉	✗		辰월
주작		I	孫亥	I	應	庚申일
청룡		II	官午	II	身	공망 子丑
현무		I	父辰	I		
백호	官巳	I	財寅	✗	世	

처에 관한 점

- 처는 재성이 용신이니 초효에 있는 寅木이다.
- 용신은 월에서 휴수되고 일에서 충을 당하고 있다.
- 재가 지세하고 있으니 처는 나와 인연이다.
- 초효가 동하여 관을 만드니 처에게는 남자가 있다.
- 5효는 월에서 생을 받고 일에서 비화되니 힘이 있다.
- 5효가 동하여 용신을 극하니 처가 불안하다.
- 용신 寅木은 변효 巳와 그리고 일진 申을 만나 寅申巳 삼형이 된다.
- 처와의 관계가 몹시 좋지 않다.

		화택규 ⇐ 이위화		이화(離火)궁		
청룡		I	兄巳	I	身 世	
현무		II	孫未	II		午월
백호		I	財酉	I		丁酉일
등사	孫丑	II	官亥	✗	命 應	공망 辰巳
구진	父卯	I	孫丑	✗		
주작		I	父卯	I		

부인이 보는 남편 점

- 남편에 대한 점은 관이 용신이다.

- 관은 3효에서 동하여 회두극되고 있다.

- 용신은 월일에서 휴수되고 있다.

- 2효도 동하여 용신인 관을 극하고 있다.

- 부인 본인은 세효로 상효의 巳火이니 관과 충이면서 현재 공망이다.

- 출공하는 巳월이나 巳일에 한판할 수도 있다.

		풍뢰익 ⇐ 풍화가인		손목(巽木)궁		
백호		I 兄卯	I			
등사		I 孫巳	I	命 應		辰월
구진		II 財未	II			癸丑일
주작	財辰	II 父亥	✗		官酉	공망 寅卯
청룡		II 財丑	II	身 世		
현무		I 兄卯	I			

동생의 구속 여부?

- 동생은 형효가 용신인데 현재 상효에 있다.

- 용신 卯木은 월에서 휴수되고 공망이다.

- 원신 3효가 동하여 용신을 생하려고 하나 월일에서 극을 당했다.

- 원신 亥水는 또 변효에게 회두극을 당했다.

- 여러 상황이 불길하니 용신이 출공하는 날 구속될 것이다.

	태위택 ⇐ 택뢰수			진목(震木)궁			
현무		‖	財未	‖	應		
백호		I	官酉	I	身		亥월
등사		I	父亥	I		孫午	乙丑일
구진		‖	財辰	‖	世		공망 戌亥
주작	兄卯	I	兄寅	X	命		
청룡		I	父子	I			

처와 싸움

- 처는 재이니 상효의 未土이다.

- 3효에도 재가 있는데 일진과 충이되는 상효를 용신으로 삼는다.

- 용신은 일에게 충을 당하고 월에서 휴수된다.

- 2효의 형이 동하여 진신이 되면서 재를 극하니 처와 사이가 좋지 않다.

- 동효가 3효에 있는 세효를 극하니 여러 모로 처와 관계가 좋지 않다.

- 동효와 변효가 힘을 받는 寅卯월에 더욱 힘들다.

	화천대유 ⇐ 화풍정			이화(離火)궁			
주작		I	兄巳	I	身		
청룡		‖	孫未	‖	應		巳월
현무		I	財酉	I			戊申일
백호		I	財酉	I	命		공망 寅卯
등사		I	官亥	I	世		
구진	官子	I	孫丑	X		父卯	

이 달에 무슨 일이 일어날까?

- 세효는 관 亥水이고 초효가 동했다.

- 세효에 관이 있다는 것은 관과 인연이 있는 것이다.

- 세효 관은 월파당하고 일에서 생을 받는다.

- 관이 극을 당하면 일자리를 얻는다.

- 손이 동했다는 것은 재를 얻기 위한 일의 시작이다.

- 초효는 일간 기준 천을귀인이다.

- 손이 동하여 관을 화출하였으니 새로운 일로 인해 일자리가 생긴다.

수화기제 ⇐ 택화혁			감수(坎水)궁				
청룡	∥		官未	∥	身		
현무	∣		父酉	∣			申월
백호	父申 ∥		兄亥	✗	世		丁亥일
등사	∣		兄亥	∣	命	財午	공망 午未
구진	∥		官丑	∥			
주작	∣		孫卯	∣	應		

가출한 처?

- 재성이 용신인데 재성이 없으니 복신을 용신으로 취한다.

- 복신 재성이 월일에 휴수되고 공망이다.

- 그리고 용신 재성은 3효와 4효의 비신과 동효에게 극을 받고 있다.

- 이미 내 처가 아니니 포기하라.

		건위천 ⇐	산천대축		간토(艮土)궁		
등사		∣	官寅	∣	命		
구진	孫申	∣	財子	✗	應		巳월
주작	父午	∣	兄戌	✗			庚申일
청룡		∣	兄辰	∣	身	孫申	공망 子丑
현무		∣	官寅	∣	世	父午	
백호		∣	財子	∣			

부친이 오실까?

- 부친은 부가 용신이니 관효 밑에 복신으로 있다.
- 세효인 관은 일파되면서 암동하여 복신인 용신을 생하고 있다.
- 4효와 5효는 동하여 회두생이 되어 힘이 있다.
- 5효 재성이 동했지만 공망이어서 타격이 없다.
- 복신이 출현하는 午일이 되면 연락이 올 것이다.

		건위천 ⇐	택천쾌		곤토(坤土)궁		
청룡	兄戌	∣	兄未	✗			
현무		∣	孫酉	∣	世		巳월
백호		∣	財亥	∣	身		丙辰일
등사		∣	兄辰	∣			공망 子丑
구진		∣	官寅	∣	應	父巳	
주작		∣	財子	∣	命		

친구의 안부점

- 친구는 형효가 용신이니 3효와 상효에 있다.
- 동한 상효의 未土가 용신이다.
- 용신은 월에서 생을 받고 일과 변효에서 비화되고 있다.

- 용신 未土가 동하여 戌土가 되니 진신이다.
- 소식이 올 것이다.

소송(訴訟) · 관재(官災) · 송사점(訟事占)

- 소송에서 세효는 원고이고, 응효는 피고이다.
- 소장과 진정서는 부가 용신이다.

- 형사사건이나 행정소송 등 송사일 경우에는 관이 관청이다.
- 민사사건은 세효가 왕하고 응효가 쇠함이 좋다.

- 소송이나 송사에서 부는 소장(小腸), 증빙서류, 진정서 등이고
  손은 변호사, 간효는 증인이 된다.

- 간효가 세효를 생하면 내게 유리하게 증언하고,
  간효가 응효를 생하면 상대방에 유리하게 증언한다.

- 간효가 세효를 충극하면 나와 증인이 원수이고,
  간효가 응효를 충극하면 상대와 증인이 원수이다.

- 부가 유기하고 세효가 유정(有情)하면 길하다.
- 부가 유기하고 세효가 휴수 또는 공망이면 헛수고만 한다.

- 부가 왕하지만 중(重)하여서 세효를 극하면 재앙이 온다.

- 왕한 타효가 응효를 생하고 쇠약한 세효가 왕한 효와 합을 하면
  내게 약간 도움이 있더라도 상대가 강하니 이길 수 없다.

- 소송점에서 세효는 나이고, 응효는 상대방이다.
- 응은 상대방이니 일월이나 동효의 극을 받거나 휴수사절이 되면 내가
  유리하다.

- 세효가 공망이 되면 내가 종결되길 원하고,
  응효가 공망이 되면 상대가 종결을 원한다.

- 송사의 승패는 세응의 왕쇠를 살피는데 있다.
- 세효는 일월이나 동효의 생부를 받아 생왕함을 요한다.

- 응효는 일월이나 동효 또는 변효에 의해
  휴수하거나 사절(死絶), 공파(空破) 또는 입묘됨을 원한다.

- 세효가 왕하고 응효가 쇠하면 내가 승소하고,
  응효가 왕하고 세효가 쇠하면 내가 패소한다.

- 세효와 응효가 서로 합이 되거나 모두 공망이 되면 쌍방 서로 합의가 이루어진다.

- 세효와 응효가 같이 동하여 상합되면 양측이 화해 의사가 있다.
- 세효와 응효가 동하여 변효가 공망이 되면 마음은 없으면서 말로만 화해한다.

- 세효와 응효가 같이 공망이 되면 화합한다.
- 세효가 동하여 응효를 생하면 내가 먼저 화해할 뜻이 있다.

- 관이 간효에 임하여 응효를 극하면 잘못이 상대방에게 있다.
- 관이 간효에 임하여 세효를 극하면 잘못이 나에게 있다.

- 감옥에 있는 사람은 세효와 태세가 생합되거나 세효와 월령이 생합되면 사면되어 풀려날 수 있다.

- 세효가 일진과 생합을 이루거나 부와 생합을 이루면 시간이 걸리지만 사면될 수 있다.

- 손은 복덕(福德)이고 화해와 석방(釋放)을 나타내니 손이 동하면 화해하고 석방된다.

- 재는 재물이니 소송비용이다.

- 재가 지세하면 비용면에서 내가 유리하고, 재가 응효에 있으면 상대방이 유리하다.

- 관효는 법관이고, 죄와 벌이다.
- 관이 왕하면 죄가 무겁고, 관이 쇠하면 죄가 경미하다.

- 부는 증서요 소장이 되니
  부가 동하면 소(訴)를 제기하고, 부가 안정되면 소송을 취하한다.

- 부가 세효에 있으면 내가 먼저 고소하고, 부가 응효에 있으면 상대가 먼저 고소한다.
- 세효가 관의 형극을 받고 또 일진에게 형충이나 극해가 되면 형(刑)을 받는다.

- 일진 관이 동하여 세효를 극하면 형(刑)을 받는다.
- 선거와 명리(名利)의 일에는 손이 동하면 관이 빛을 잃게 된다.

- 소송점에서 형이 지세하거나 동하면 손재가 많다.
  이때 관이 동하여 형을 억제하면 손재는 없다.

- 관이 지세하면 내가 당하고 관청의 문책을 받는다.
- 응효에 관이 놓이면 상대가 관청의 문책을 받는다.
- 세효가 관을 화출하면 내가 관의 일로 몸을 상(傷)하고,
  응효가 관을 화출하여 회두극되면 상대방이 관의 일로 몸을 손상된다.

- 관이 응효를 극하거나 일진, 월령 또는 동효가 응효를 극하면 내가 승소한다.
- 관이 세효를 극하거나 일진, 월령 또는 동효가 세효를 극하면 내가 패소한다.

- 세효와 응효의 사이에 있는 간효는 증인이다.
- 세효 가까이 있으면 나의 증인이고, 응효에 가까우면 상대방의 증인이다.

- 공직자가 손이 지세하여 동하면 파직의 우려가 있다.
- 공직자의 경우 손이 지세하고 동한다는 것은 근심이나 걱정이 없어지는 상(象)이기도 하다.

- 세효의 묘(墓)가 동하거나 세효의 관이 일진 동효에 입묘되면 수감(收監)된다.
- 백호 관이 동하여 세효를 형극하면 형(刑)을 받는다.

- 세효와 응효가 상생하면 내외가 화합하여 무사하다.
- 손이 동하면 생왕 일에 석방된다.

- 형이 지세하고 왕하면 사건이 크고 돈을 많이 쓴다.
- 관이 겁살을 띠고 동하면 관재(官災)가 있고 사건이 중하다.

- 관이 간효를 극제하고 또 일진과 월령이 간효를 충극하면
  관에서 상대편 증인의 말을 듣지 않아 나는 무사하고 증인이 벌을 받는다.

- 간효에 있는 관이 세효를 극하면 내가 벌을 받는다.
- 간효에 있는 관이 응효를 극하면 상대방이 벌을 받는다.

- 세효와 응효가 상생해도 화해하는데, 먼저 생히는 쪽이 화해 의사가
  있다.
- 관과 세효가 같이 공망이 되면 소장이 취하된다.

- 세효가 왕하고 관이 공망이 되면 혐의가 없어서
  집행유예(執行猶豫)등으로 관재의 근심이 사라진다.

- 간효의 관이 세효를 극하면 허물이 나에게 돌아오고,
  반대인 경우에는 상대가 벌을 받는다.

- 간효가 관의 극을 받거나 일진이나 월령에게 극을 당하면
  증언이 무시되거나 위증으로 구속된다.

- 관이 동하여 세효 또는 응효를 극하면 관청의 압력으로 화해 못한다.
  이때 손이 동하면 화해한다.

- 관이 세효 밑에 은복되면 앞으로 불리한 송사가 일어난다.
- 세효가 관을 극하면 유리하지만, 관이 세효를 극하면 좋지 않다.

- 관이 응효를 극하면 내가 승리한다.
- 일월과 비화된 동효가 응효를 극해도 내가 승리한다.

- 응효가 관이면 상대방이 관청의 문책을 받는다.
- 세효가 관이면 내가 관청의 문책을 받는다.

- 세효가 공망이 되면 소송이 내가 끝나기를 바라고,
  응효가 공망이 되면 상대방이 끝나기를 바란다.

- 세효가 동하면 내가 도모하는 꾀가 상대를 앞선다.
  그러나 세효가 동하여 회두극이 되면 계획이 무산된다.

- 일진이 관을 극하면 관의 일이라면 해결된다.
- 세효에 관이 있으면 내 잘못이고, 응효에 관이 있으면 상대방 잘못이
  다.

- 소송에서 형이 지세하면 재물낭비가 크다.
- 형에 백호가 있으면 파산이다.
- 간효를 관이 극제하거나 일진과 월령이 충극하면
  중간자가 역할을 못한다.

- 일진 관이 동하여 세효를 극하면 나에게 형벌이 있고
  일진이 응효를 극하면 상대방에게 형벌이 있다.

- 부가 세효에 이르면 내가 먼저 고소하고,
  부가 응효에 있으면 상대방이 먼저 소송한다.

- 세효가 묘(墓)에 들어 동하면 옥살이 상(象)이다.
  이때 일진이 형충이나 극파(剋破)해야 출옥한다.

- 죄의 경중은 관으로 보는데, 관이 왕하면 죄가 무겁다.

- 백호가 왕하면서 동하여 세효를 극하면 형을 받는다.
- 옥에서 풀리는 때는 손이 동하고 생을 받아 왕해지는 일진이다.

- 청룡이 관에 있으면 귀인을 만나 송사에 이롭다.
- 백호가 관에 있으면 실형을 면하기 어렵다.

지택림 ⇐ 지수사			감수(坎水)궁			
현무		‖	父酉	‖	應	
백호		‖	兄亥	‖		寅월
등사		‖	官丑	‖	命	甲申일
구진		‖	財午	‖	世	공망 午未
주작		l	官辰	l		
청룡	財巳	l	孫寅	X	身	

남편 관재점

- 남편은 관이 용신이다.
- 관은 내괘의 2효와 외괘의 4효에 있다.
- 관재에 시달리고 있는 남편이다.
- 용신 관은 월에서 극되고 일에서 휴수되고 있다.
- 동효 초효도 역시 용신을 극하고 있다.
- 원신 午火도 공망이라 힘이 없다.
- 관재를 피할 수 없다.

지풍승 ⇐ 화산려			이화(離火)궁				
청룡	財酉	‖	兄巳	X			
현무		‖	孫未	‖	身		寅월
백호	孫丑	‖	財酉	X	應		丁巳일
등사		l	財申	l		官亥	공망 子丑
구진	父寅	l	兄午	X	命		
주작		‖	孫辰	‖	世	父卯	

직책의 이동 있을까?

- 직책은 관이 용신이니 복신으로 있는 亥水이다.

- 복신은 3효의 비신 申金의 생을 받고 있다.

- 그러나 월에서 휴수되고 일에서 충을 맞고 있다.

- 4효가 동하여 변효와 함께 巳酉丑 금국을 이루나 丑은 공망이다.

- 월에서 충을 당한 비효 申金으로 복신 亥水가 드러난다.

- 복신이 드러나자 월과 寅亥합이 되고 일과 巳亥충이 되어 불길하다.

- 세효에 손이 지세하면 관과 인연은 적은 편이다.

			지화명이	⇐	지천태	곤토(坤土)궁		
백호		‖	孫酉	‖	應			
등사		‖	財亥	‖	身			戌월
구진		‖	兄丑	‖				壬寅일
주작		l	兄辰	l	世			공망 辰巳
청룡	兄丑	‖	官寅	✗	命	父巳		
현무		l	財子	l				

관재점

- 관재점은 나에 관한 점이니 세효를 용신으로 본다.

- 2효에서 관이 동하여 세효를 극하니 흉하다.

- 세효 辰土가 월에서 충을 맞고, 일진에게 극을 당하고 있다.

- 3효 세효는 현재 공망이라서 큰 피해는 없다.

- 辰土가 출공하는 辰일에 관재가 있다.

			지산겸 ⇐ 풍산점		간토(艮土)궁			
청룡	孫酉	‖	官卯	✗	命應			
현무	財亥	‖	父巳	✗			財子	戌월
백호		‖	兄未	‖				丙寅일
등사		Ⅰ	孫申	Ⅰ	身世			공망 戌亥
구진		‖	父午	‖				
주작		‖	兄辰	‖				

나의 소송점

- 나에 관한 점은 세효를 중심으로 본다.

- 상효와 5효가 동하여 회두극되니 불길하다.

- 세효는 월에 생을 받고 일에게 충을 당한다.

- 5효가 동하여 회두충극되며 세효를 극하며 寅巳申 삼형이 된다.

- 상효도 동하여 회두극되며 세효를 휴수시키니 소송에 좋지 않다.

- 寅申巳 삼형이 힘을 얻는 寅월에 형(刑)을 받았다.

			화산려 ⇐ 산화비		간토(艮土)궁			
청룡		Ⅰ	官寅	Ⅰ				
현무		‖	財子	‖				亥월
백호	孫酉	Ⅰ	兄戌	✗	身應			丁丑일
등사		Ⅰ	財亥	Ⅰ			孫申	공망 申酉
구진		‖	兄丑	‖			父午	
주작	兄辰	‖	官卯	✗	命世			

소송에서 이길까?

- 육합괘가 동해서 다시 육합괘가 되었다.

- 초효와 4효가 동하였다.

- 세효와 응효가 합이 되어 있어 합의를 하면 좋다.

- 세효인 초효는 월에서 생을 받고 있다.

- 응효는 일과 丑戌형이다.

- 상대방도 잘 해보려는 시도가 있다.

- 현재 4효의 변효가 공망이니 출공하는 酉일에 합의할 수 있다.

			화풍정 ⇐ 화지진		건금(乾金)궁		
백호		‖	官巳	‖			
등사		‖‖	父未	‖‖			卯월
구진		‖	兄酉	‖	身 世		壬午일
주작	兄酉	‖	財卯	⚊‖			공망 申酉
청룡	孫亥	‖	官巳	⚊‖			
현무		‖‖	父未	‖‖	命 應	孫子	

관재?

- 관재는 세효가 관에게 극을 당하는 경우이다.

- 세효는 현재 공망이면서 월파되고 일진에게 극을 당한다.

- 2효 관이 동하여 회두극되면서 세효를 극한다.

- 3효 卯木도 동하여 회두극되면서 관을 생한다.

- 관이 힘을 받는 巳월에 관재에 조심해야 한다.

	천산둔 ⇐ 택산함				태금(兌金)궁		
주작	父戌	I	父未	X	命 應		
청룡		I	兄酉	I			亥월
현무		I	孫亥	I			戊午일
백호		I	兄申	I	身 世		공망 子丑
등사		II	官午	II		財卯	
구진		II	父辰	II			

송사점

- 송사는 부가 용신이고, 세효와 응효를 참고한다.
- 동한 상효의 未土가 용신이다.
- 용신은 월에서 휴수되지만 일에서 생합하고 있다.
- 동한 변효도 진신이다.
- 그러나 용신 동효는 응효에 속하니 상대방이 더 유리하다.
- 그러나 공망에서 벗어난 丑일, 상대방이 丑戌未 삼형에 걸려 점친 사람이 승소했다.
- 상대방[응효]이 丑戌未 삼형이 되자 다른 사건으로 구속된 것이다.

	뢰수해 ⇐ 택수곤				태금(兌金)궁		
백호		II	父未	II	命		
등사	兄申	II	兄酉	X			巳월
구진		I	孫亥	I	應		壬子일
주작		II	官午	II	身		공망 寅卯
청룡		II	父辰	I			
현무		II	財寅	II	世		

형제간에 송사

- 형제간의 싸움이니 형효 酉金이 용신이다.

- 용신이 동하여 퇴신이 되고, 월일에서 휴수되고 있다.

- 암동한 午火도 용신을 극하고 있다.

- 동효에 세효와 응효가 모두 휴수되니 형제가 모두 피해를 입는다.

	화수미제 ⇐		화천대유		건금(乾金)궁	
구진		I	官巳	I	應	
주작		II	父未	II	身	子월
청룡		I	兄酉	I		己卯일
현무	官午	II	父辰	✗	世	공망 申酉
백호		I	財寅	I	命	
등사	財寅	II	孫子	✗		

관재점

- 아들의 형사 사건이다.

- 아들의 점이니 손효 子水를 용신으로 삼는다.

- 용신은 월에서 비화되고 있다.

- 3효에서 동한 辰土는 회두생으로 힘이 있다.

- 용신이 불리하게 돌아가고 있으나 공망에 빠진 申이 출공하는 날 申子辰 삼합이 되어 용신을 돕는다.

- 공망이 출공하는 때는 용신과 같은 날이나 충이 되는 날이다.

	지택림 ⇐	지천태		곤토(坤土)궁		
청룡		‖ 孫酉	‖	應		
현무		‖ 財亥	‖	身		戌월
백호		‖ 兄丑	‖			丁卯일
등사	兄丑 ‖	兄辰	✗	世		공망 戌亥
구진		丨 官寅	丨	命	父巳	
주작		丨 財子	丨			

송사점

- 재판은 세효와 응효의 왕쇠가 중요하다.
- 세효가 동하여 퇴신이 되었고, 세효가 응효를 생한다.
- 세효는 월과 충이 되고 일에게 극을 당한다.
- 불리하다.

	천수송 ⇐	손위풍		손목(巽木)궁		
주작		丨 兄卯	丨	世		
청룡		丨 孫巳	丨			未월
현무	孫午 丨	財未	✗	身		戊辰일
백호	孫午 ‖	官酉	✗	應		공망 戌亥
등사		丨 父亥	丨			
구진		‖ 財丑	‖	命		

관재점

- 관재는 관과 세효를 살핀다.
- 관이 강하여 세효가 힘이 없으면 관재를 당한다.
- 3효에서 동한 관 酉金은 동하여 회두극되고 있다.
- 그러나 관은 월일에서 생을 받는데 일진과는 진유합이다.

- 월과 비화되어 힘이 있는 4효도 동하여 회두생되어 힘이 있다.

- 힘이 있는 4효가 관을 생하니 세효는 죽을 맛이다.

- 관이 힘을 받는 酉월을 조심해야 한다.

		손위풍 ⇐ 천풍구		건금(乾金)궁		
청룡		I	父戌	I		
현무		I	兄申	I	命	未월
백호	父未	II	官午	✗	應	丙申일
등사		I	兄酉	I		공망 辰巳
구진		I	孫亥	I	身 財寅	
주작		II	父丑	II	世	

공명점

- 직책이 불안하다.

- 공명점은 관이 용신이니 4효에서 동한 午火가 용신이다.

- 용신 午火는 월과 변효와 午未합으로 묶였다.

- 합이 된다는 것은 현재 있는 자리에 그대로 있는 것이다.

- 현재의 직장에서 불안해할 것 없다.

	산택손 ⇐	화뢰서합	손목(巽木)궁		
등사		I 孫巳	I		
구진	∥	財未	∥	命 世	寅월
주작	財戌 ∥	官酉	✗		辛酉일
청룡	∥	財辰	∥		공망 子丑
현무	兄卯 I	兄寅	✗	身 應	
백호	I	父子	I		

소송점

● 소송에는 상대가 있으니 세효와 응효를 본다.

● 소송점에서 관은 법관, 법원이 되고, 손은 변호사이다.

● 그리고 간효는 증인이 되고, 부는 서류이다.

● 세효는 未土로 월에게 극을 당하고 일에서 휴수되니 좋지 않다.

● 나의 증인인 4효가 동하여 회두생되며 응효를 극한다.

● 응효는 동하여 진신이 되며 월과 비화되고 일에서 극을 당한다.

● 응효가 세효보다 더 강하니 상대가 더 유리하다.

● 화해를 하는 것이 좋다.

대인점(待人占) · 소식점(消息占)

● 대인점은 기다리는 사람에 대해 점을 치는 것을 말한다.

● 대인점은 육친에 따라 용신을 잡는다.

　그래서 대인점과 소식점은 용신과 부를 같이 살핀다.

● 소식, 편지, 전신, 전화도 부가 용신이다.

● 소식점은 부를 용신으로 삼으니 부가 동하면 연락이 온다.

● 부가 합하면 충하는 날 소식이 오고,

　부가 충극이 되면 합하는 날 소식이 온다.

● 부효나 응효가 공망을 만나면 출공하는 날 소식이 온다.

● 부효나 응효가 절지에 있으면 생왕한 날 온다.

- 응효와 부가 공망이거나 묘절이면 소식이 안 온다.
- 사람이나 소식을 기다리는 대인점은 용신이 왕하면서 동하면 좋다.

- 용신이 왕할 때 지세하거나, 세효를 생하거나, 극하면 돌아올 마음이 있다.
- 그러나 용신이 휴수되면 돌아올 마음도 없고 형편도 안 된다.

- 대인점과 소식점에서는 용신이 동하는 것을 기뻐하지만, 도둑을 잡는 점에서는 용신이 정(靜)한 것이 좋다.

- 소식점에서 세효와 응효가 모두 공망이 되면 새로운 소식이 없다

- 용신과 세효가 생합하면 기다리는 사람이 매우 늦게 돌아온다.
- 용신이 일진 또는 동효의 충을 받으면 돌아온다.

- 소식점에서 부와 응효가 공망이 될 때는 소식이 오지 않는다.
- 용신이 공망이 되면 충하는 날이나 또는 출공일에 돌아온다.

- 용신이 동하지 않으면 돌아올 마음이 없다.
- 유혼괘가 동하여 다시 유혼괘가 되면 평생 돌아오지 않는다.

- 귀혼괘가 동하여 유혼괘가 되면 돌아오지 못한다. 그러나 유혼괘가 동하여 귀혼괘가 되면 돌아온다.

- 용신의 왕쇠를 불문하고 세효와 용신이 공망되면 출공할 때 돌아온다.
- 용신이 동하여 합이 되거나 입묘되면 충개(沖開)할 때 돌아온다.

- 용신이 동하고 공상(空傷)이나 충극이 없으면 비화되는 날 돌아온다.
- 청룡 부가 동하면 희소식이고, 백호 부가 동하면 흉한 소식이다.

- 용신이 관에 은복 되고 백호에 놓이면 감옥에 갇혀 있다.
- 주작도 소식을 의미하니 주작이 동해도 소식이 온다.

- 부가 공망이 되고 주작이 동하면 간접적인 소식을 듣는다.
- 부가 동하였는데 합이 되면 도중에 사정이나 사고가 생겨 못오고 있다.

- 부가 동하여 생합하면 소식이 오고, 부가 공망이 되면 소식이 오지 않는다.
- 용신이 안정되고 일진이나 동효의 충이 없으면 돌아올 마음이 없다.
- 부와 응효가 묘절공(墓絕空)이 되어도 소식이 없다.
- 세효와 응효가 같이 공망되어도 무소식이다.

- 용신이 동하여 세효를 극하고 세효가 공망이 되면 기다리는 사람이 속히 온다.
- 용신이 동하여 세효와 생합하면 더디게 돌아온다.

- 용신이 동하여 세효를 극하면 반드시 돌아온다.

- 세효가 동하여 용신을 극하면 돌아오지 않는다.

- 용신이 진공(眞空)이나 진파(眞破)가 되면 돌아오지 않는다.
- 용신이 암동하면 빨리 오지만 용신이 묘절공파(墓絶空破)가 되면 돌아오지 않는다.

- 용신이 은복되면 비신을 충거(沖去)하는 날 온다.
- 세효가 공망이 되면 속히 돌아오지만 용신이 공망이 되면 돌아오지 않는다.

- 일진이 용신을 충하면 돌아온다.
- 그러나 월령 동효가 용신을 극하면 돌아오지 않는다.

- 세효가 동하여 응효나 용신을 극하면 돌아오지 않는다.
- 용신 또는 응효가 동하면 일진과 합이 되는 날 도착한다.
- 육효가 난동하면 행인의 마음이 어수선하다.

- 귀혼괘는 돌아올 마음이 있다.
- 유혼괘는 노는데 정신 팔려 돌아올 마음이 없다.

- 용신이 은복되면 일진과 월령이 용신과 육합이 될 때 돌아온다.
- 또 복신이 출현하거나 비신을 충하는 날 돌아온다.

- 용신이 안정되거나 용신이 합을 만나면 충 되는 날에 돌아온다.
- 용신이 충이 되면 합하는 날에 돌아온다.

- 용신이 재효 밑에 은복되면 매매나 경영, 또는 여자나 돈 때문에 오지 못한다.
- 복신 재가 공망이 되고 형효가 동하면 사업 실패로 못 온다.

- 용신이 부효 밑에 은복되면 학업이나 시험 또는 서류나 부모나 존장의 만류로 못 온다.

- 용신이 5효 관 밑에 은복되면 도로 사정이나 연락두절로 못 온다.
- 용신이 현무 밑에 은복되면 분실물이 있거나 여색으로 못 온다.

- 용신이 백호 밑에 은복되면 질병으로 못 온다.
- 용신이 관 묘(墓)에 있거나 관 묘고(墓庫) 밑에 은복되면 와병 중이다.
- 육효가 안정되면 돌아올 마음이 없다.
- 용신이 세효와 생합하면 돌아올 마음이 있어도 돌아오지 않는다.

- 세효, 응효 또는 용신이 합을 만나면 충할 때 온다.
- 세효, 응효 또는 용신이 충을 만나면 합할 때 온다.

- 세효, 응효 또는 용신이 공망이 되면 출공할 때 온다.
- 세효, 응효 또는 용신이 입묘되어도 충할 때 온다.

- 용신이 쇠하면 왕하는 일진을 만나야 돌아온다.
- 용신이 왕하고 동하면 묘(墓)에 들어가는 날에 돌아온다.

- 용신이 은복되어 있으면 용신을 육합하는 월이나 일에 돌아온다.
- 용신이 동하여 세효를 극할 때 세효가 공망을 만나면 속히 올 수 있다.

- 용신이 안정되면 올 마음이 없다. 이때는 일진 또는 동효가 충하면 온다.

- 용신과 응효가 동하여 삼합을 이루면 합을 충하는 날에 온다.
- 용신이 亥子水를 띠고 동하면 비오는 날 온다.

- 용신이 동하지 않고 극을 받으면 그대로 머무르고 있다.
- 용신이 극을 받거나 공망이나 충이 되면 돌아오지 않는다.
- 대인점에서 용신이 은복되면 기다리는 사람이 안 오는데,
  일진이 은복된 용신을 충하는 날에 돌아온다.

- 용신이 안정되면 일진이 충하는 날에 오고,
  공망이 되면 출공할 때 온다.

- 용신이 묘(墓)일 때는 세효가 묘(墓)를 파괴시킬 때 만나게 된다.
- 세효가 용신과 합을 이룰 때는 세효가 충을 당할 때 찾을 수 있다.

- 용신이 왕성한 재에 은복되면 사업 때문에 못 온다.

- 재가 미약하고 공망을 만나거나 동한 형효의 극을 만나면 사업실패로 못 온다.

- 용신이 재고(財庫) 아래 은복되면 여자나 재물로 인해 못 온다.
- 은복된 재가 묘절을 만나면 돈이 없어 못 온다.

- 주작이 세효에 임해 동하고 부를 극하면 오려고 생각 중이다.
- 용신이 백호나 등사와 같이 동하고 극을 당하면 질병으로 못 온다.

		건위천 ⇐	산천대축	간토(艮土)궁		
청룡		┃	官寅	┃	命		
현무	孫申	┃	財子	✗	應		巳월
백호	父午	┃	兄戌	✗			丙申일
등사		┃	兄辰	┃	身	孫申	공망 辰巳
구진		┃	官寅	┃	世	父午	
주작		┃	財子	┃			

부친을 기다리는 대인점

- 부친은 부가 용신인데 2효에 복신으로 있다.
- 복신 午火는 월에서 비화되고 일에서 휴수된다.
- 4효는 동하여 회두생되며 용신을 입묘시킨다.
- 5효는 동하여 회두생되며 용신을 충한다.
- 부친의 상황은 현재 좋지 못하다.

	천택리 ⇐		택천쾌		곤토(坤土)궁		
청룡	兄戌	Ⅰ	兄未	✗			
현무		Ⅰ	孫酉	Ⅰ	世		巳월
백호		Ⅰ	財亥	Ⅰ	身		丁亥일
등사	兄丑	Ⅱ	兄辰	✗			공망 午未
구진		Ⅰ	官寅	Ⅰ	應	父巳	
주작		Ⅰ	財子	Ⅰ	命		

처를 기다리는 대인점

- 처는 재가 용신이니 4효에서 동한 亥水가 용신이다.
- 용신 亥水는 월에서 충을 맞고, 일에서 비화되고 있다.
- 3효가 동하여 퇴신이 되면서 용신을 입묘시킨다.
- 상효도 동하여 진신이 되면서 용신을 극한다.
- 용신인 처가 극을 당하니 돌아오는 것을 기대하지 못한다.

	감위수 ⇐		태위택		태금(兌金)궁		
백호		Ⅱ	父未	Ⅱ	世		
등사		Ⅰ	兄酉	Ⅰ	命		戌월
구진	兄申	Ⅱ	孫亥	✗			壬申일
주작		Ⅱ	父丑	Ⅱ	應		공망 戌亥
청룡		Ⅰ	財卯	Ⅰ	身		
현무	財寅	Ⅱ	官巳	✗			

소식 없는 남편의 안부점

- 남편은 관이 용신이니 초효에서 동한 巳火가 용신이다.
- 용신은 일진과 寅申巳 삼형이 되니 좋은 조짐이 아니다.
- 용신은 월일에 휴수되지만 변효에게 회두생되고 있다.

- 4효가 동하여 회두생되면서 용신을 충한다.
- 월령과 4효가 현재 공망이라 큰 변동은 없지만 출공될 때 좋지 않은 소식이 있을 것이다.

			건위천 ⇐ 택천쾌		곤토(坤土)궁		
청룡	兄戌	I	兄未	X			
현무		I	孫酉	I	世		巳월
백호		I	財亥	I	身		丙辰일
등사		I	兄辰	I			공망 子丑
구진		I	官寅	I	應	父巳	
주작		I	財子	I	命		

형의 안부

- 형제는 형효가 용신이니 상효에서 동한 未土가 용신이다.
- 용신 未土는 월에서 생을 받고 일과 비화되고 있다.
- 상효 未土는 동하여 진신인 戌土가 되고 있다.
- 형은 지금 건강하게 잘 있다.
- 출공되는 丑일 삼형으로 문제가 발생한다.

			풍천소축 ⇐ 풍뢰익		손목(巽木)궁		
등사		I	兄卯	I	應		
구진		I	孫巳	I	身		巳월
주작		II	財未	II			辛未일
청룡	財辰	I	財辰	X	世	官酉	공망 戌亥
현무	兄寅	I	兄寅	X	命		
백호		I	父子	I			

처가 언제 귀가?

- 처는 재성이 용신이니 3효에서 동한 辰土가 용신이다.
- 용신은 월에서 생을 받고 일에서 비화되고 있다.
- 용신이 동하여 변효가 같은 글자인 복음이 되니 돌아오지 못한다.
- 2효가 동하여 역시 복음이 되어 용신을 극한다.
- 戌일이 되면 출공된 戌이 용신을 충하여 그때 소식이 올 것이다.

	화천대유 ⇐		화풍정		이화(離火)궁		
청룡		I	兄巳	I	身		
현무		II	孫未	II	應		寅월
백호		I	財酉	I			丁亥일
등사		I	財酉	I	命		공망 午未
구진		I	官亥	I	世		
주작	官子	I	孫丑	X		父卯	

대인점

- 자식이 언제 귀가하나?
- 자식은 손이 용신이므로 초효에서 동한 丑土가 용신이다.
- 丑土는 월일에서 휴수되고 있어 힘이 부친 상태이다.
- 용신은 변효와 子丑합이 되어 묶여 있어서 오지 않는다.
- 상효에서 암동한 형효가 원신으로 돕고 있다.
- 합이 풀리는 午未일에 돌아올 것이다.

	수천수 ← 택화혁			감수(坎水)궁			
청룡		II	官未	II	身		
현무		I	父酉	I			戌월
백호	父申	II	兄亥	✗	世		丙寅일
등사		I	兄亥	I	命	財午	공망 戌亥
구진	孫寅	I	官丑	✗			
주작		I	孫卯	I	應		

대인점

- 언제 친구가 올까?

- 친구는 형효가 용신이니 4효에서 동한 亥水가 용신이다.

- 용신 亥水는 현재 공망상태이다.

- 용신은 동하여 회두생되고 있어서 긍정적이다.

- 그러나 용신이 월일에서 극을 당하고 휴수되고 있어서 부정적이다.

- 월령 戌土가 공망이고, 일과는 寅亥합이 되어 지금은 묶였다.

- 2효가 동하여 회두극되면서 용신을 극하지만 용신은 현재 공망이다.

- 친구는 출공되는 亥일에 올 것이다.

	지천태 ← 지택림			곤토(坤土)궁			
청룡		II	孫酉	II			
현무		II	財亥	II	應		戌월
백호		II	兄丑	II	身		丙子일
등사	兄辰	I	兄丑	✗			공망 申酉
구진		I	官卯	I	世		
주작		I	父巳	I	命		

형의 소식?

- 형제는 형효가 용신이니 3효의 丑이 용신이다.
- 축은 동하여 진신이 된다.
- 용신은 월에서 축술형으로 비화되고, 일과 子丑합이 된다.
- 합은 묶여 움직이지 못한 것이니 현재 연락이 없다.
- 子丑합을 풀어내는 未일에 연락이 올 것이다.
- 합은 충으로 풀어낸다.

		산수몽 ⇐	산풍고		손목(巽木)궁		
청룡		I	兄寅	I	應		
현무		II	父子	II		孫巳	酉월
백호		II	財戌	II	身		丙寅일
등사	孫午	II	官酉	✗	世		공망 戌亥
구진		I	父亥	I			
주작		II	財丑	II	命		

대인점

- 직장 상사를 만날 수 있을까?
- 부모는 부가 용신이지만 직장 상사는 관효가 용신이다.
- 나를 극하는 것은 관으로 본다.
- 3효가 동하여 회두극되니 상사는 어려움에 처했다.
- 그러나 용신 酉金은 월에서 비화되고 일에서 원진으로 휴수된다.
- 무엇보다 용신 관이 세효에 있으니 나와 인연이다.
- 회두극이 사라지는 子일이 되면 만날 수 있을 것이다.

육수			지산겸 ⇐ 수산건		태금(兌金)궁		
청룡		‖	孫子	‖	命		
현무	孫亥	‖	父戌	✗			未월
백호		‖	兄申	‖	世		丙寅일
등사		▮	兄申	▮	身		공망 戌亥
구진		‖	官午	‖		財卯	
주작		‖	父辰	‖	應		

자식이 가출했다

- 자식은 손이 용신이니 상효에 있는 子水가 용신이다.

- 용신은 월에서 극을 당하고 일에서 휴수된다.

- 5효 戌土가 동하여 용신을 극하나 戌土는 현재 공망이다.

- 3효와 4효에 있는 申金 형이 일에서 암동하니 친구들과 함께 있다.

- 5효 부가 동하여 손효를 극하니 부친 때문에 귀가를 못한다.

- 戌土가 출공되는 戌辰일에 자식은 귀가한다.

육수			택지췌 ⇐ 천지비		건금(乾金)궁		
청룡	父未	‖	父戌	✗	應		
현무		▮	兄申	▮			丑월
백호		▮	官午	▮	身		丁巳일
등사		‖	財卯	‖	世		공망 子丑
구진		‖	官巳	‖			
주작		‖	父未	‖	命	孫子	

여동생 소식점

- 안부효는 부가 용신이고, 여동생은 형효가 용신이다.

- 5효에 있는 申金이 여동생이다.

- 申金은 월에서 생을 받지만 묘지이고 현재 월은 공망이다.
- 또 용신은 일에서 巳申형합으로 극을 당한다.
- 상효가 동하여 퇴신으로 용신을 힘없이 생한다.
- 부효는 상효에서 퇴신으로 월과 비화되며 丑戌未 삼형이다.
- 동생은 현재 합으로 묶여 연락을 할 입장이 아니다.
- 寅월이 되면 丑戌未에서 벗어나고 합이 깨지니 연락이 올 것이다.

		풍지관 ←	손위풍	손목(巽木)궁		
백호		I	兄卯	I	世	
등사		I	孫巳	I		未월
구진		II	財未	II	身	壬寅일
주작	兄卯	II	官酉	✗	應	공망 辰巳
청룡	孫巳	II	父亥	✗		
현무		II	財丑	II	命	

남편의 소식점(안부)

- 남편은 관이 용신이고, 소식은 부를 참고한다.
- 3효에서 동한 관은 변효와 충이 된다.
- 용신 酉金은 월에서 생을 받고 일과 寅酉 원진으로 휴수된다.
- 2효 부가 동하여 변효와 충이 되는데 변효 巳火는 공망이다.
- 부효 亥水는 월에게 극을 당하고 일에서 寅亥합으로 묶인다.
- 현재는 소식이 없지만 申월이 되면 용신인 관효와 부를 모두 왕하게 하니 좋다.
- 소식점에서는 용신이 동하면 좋다.

			화풍정 ← 화천대유		건금(乾金)궁	
청룡		I	官巳	I	應	
현무		II	父未	II	身	巳월
백호		I	兄酉	I		丁丑일
등사		I	父辰	I	世	공망 申酉
구진		I	財寅	I	命	
주작	父丑	II	孫子	✗		

부친의 소식점

- 부친은 부가 용신이니 3효에서 지세한 辰土가 용신이다.

- 辰土는 월에서 생을 받고 일에서 비화되며 丑辰파가 된다.

- 초효가 동하여 변효와 子·丑합이 되면서 용신의 힘을 뺀다.

- 5효는 일에서 충이 되니 암동하여 부친도 마음이 동한다.

- 돌아오고 싶어도 현재는 오지 못한다.

- 申월이 되면 출공이 되고 申子辰 삼합이 되어 귀가할 것이다.

- 소식점에서는 세효와 응효가 모두 공망이면 소식이 오지 않는다.

	뢰천대장 ⇐	지풍승		진목(震木)궁			
현무		‖	官酉	‖			
백호		‖	父亥	‖	命		卯월
등사	孫午	Ⅰ	財丑	✕	世	孫午	乙巳일
구진		Ⅰ	官酉	Ⅰ			공망 寅卯
주작		Ⅰ	父亥	Ⅰ	身	兄寅	
청룡	父子	Ⅰ	財丑	✕	應		

친구 가출점

- 친구의 용신은 복신인 형효 寅木이다.

- 복신 寅木은 비신 부효 亥水와 합이면서 생을 받는다.

- 복신은 복신을 감싸는 비신의 행방이 중요하다.

- 부효에 숨어 있으니 부모뻘되는 집에서 보호받고 있다.

- 용신 寅은 현재 공망이고, 비신은 일에게 충을 맞고 있다.

- 복신은 충이 되는 날 밖으로 출현한다.

- 寅을 충하는 申일에 돌아올 것이다.

			⇐ 풍천소축		손목(巽木)궁		
주작			兄卯	I			
청룡			孫巳	I			卯월
현무			財未	II	命 應		戊寅일
백호			財辰	I		官酉	공망 申酉
등사			兄寅	I			
구진			父子	I	身 世		

남편이 가출했다

- 동효가 없을 수도 있다.

- 남편은 복신으로 3효 財辰에 숨어 있다.

- 재에 숨어 있고 辰酉합이므로 다른 여자와 함께 있다.

- 용신은 월파당하고 일에서 휴수되고 있다.

- 용신은 현재 공망이다.

- 월파 휴수 상태에서 공망이 되면 진공이다.

- 진공(眞空)이면 만사불성이니 남편은 돌아오지 않는다.

		화수미제 ⟸	화택규	간토(艮土)궁			
등사		I	父巳	I			
구진		II	兄未	II		財子	酉월
주작		I	孫酉	I	身世		庚子일
청룡		II	兄丑	II			공망 辰巳
현무		I	官卯	I			
백호	官寅	II	父巳	✗	命 應		

딸이 가출했다

- 자식의 용신은 4효에 있는 손효 酉金이다.

- 酉金은 월에서 비화되고 일에서 설기되고 있다.

- 동효는 회두생되어 용신을 극한다.

- 그리고 동효 巳火는 회두생되어 힘이 있지만 현재 공망이다.

- 돌아오기 힘들다.

		천택리 ⟸	풍택중부	간토(艮土)궁			
청룡		I	官卯	I			
현무		I	父巳	I	命	財子	申월
백호	父午	I	兄未	✗	世		丙辰일
등사		II	兄丑	II		孫申	공망 辰巳
구진		I	官卯	I	身		
주작		I	父巳	I	應		

처의 가출

- 처는 용신이 재이니 복신으로 있는 子水이다.

- 용신은 부효인 巳火 속에 있다.

- 부효는 윗사람이고 巳火는 동남쪽이다.

- 처는 동남쪽에 있는 윗사람 집에 있다.

- 복신 속에 있는 용신이 비신을 극하니 보호하는 사람이 불안하다.

- 亥일이 되면 비신이 충을 당하니 연락이 닿을 것이다.

- 子일에 돌아올 것이다.

- 그날 오지 않는다면 복신이 충을 당하는 午일에 돌아올 수도 있다.

- 복신의 글자는 복신이 출현하거나 충이 되는 날 성사되기 때문이다.

				산택손 ⇐ 산뢰이	손목(巽木)궁			
주작		I	兄寅	I				
청룡		II	父子	II	身	孫巳	卯월	
현무		II	財戌	II	世		戊子일	
백호		II	財辰	II		官酉	공망 午未	
등사	兄卯	I	兄寅	✕	命			
구진		I	父子	I	應			

아들이 가출했다

- 아들은 손효이니 5효의 복신으로 있는 巳火이다.

- 복신 巳火는 비신 子水의 극을 받으니 핍박을 받고 있다.

- 복신 巳火가 출현하는 巳일에 돌아올 것이다.

- 복신을 충하는 亥일에 응할 수도 있다.

- 2효가 동한 것은 형이 동하여 다시 형이 되니 아들 가출과는 관계없다.

- 형이 동하면 손재수가 있게 된다.

	산지박 ⇐		산뢰이		손목(巽木)궁		
등사		I	兄寅	I			
구진		II	父子	II	身	孫巳	午월
주작		II	財戌	II	世		辛巳일
청룡		II	財辰	II		官酉	공망 申酉
현무		II	兄寅	II	命		
백호	財未	II	父子	✗	應		

남편이 가출했다

- 남편은 관이 용신이니 복신으로 있는 酉金인데 현재 공망이다.

- 복신 酉金은 비신과 생합이 되어 여자의 도움을 받고 있다.

- 복신은 월일에게 극을 받으면서 현재 공망이라 진공(眞空)이 된다.

- 진공이 되면 일의 성취가 어렵다.

- 초효에 부가 동하여 회두극되고 재가 되니 문서를 돈으로 바꾸어 가출
  했다.

대차점(貸借占)

- 돈을 빌릴 때는 세효가 본인이고, 응효가 빌려줄 사람이다.
- 돈을 빚지면 세효가 본인이고, 응효가 돈 받을 사람이다.

- 세효와 응효가 생합되고 재가 왕하거나
  응효가 동하여 세효와 생합되고 재가 왕성하면 돈을 받는다.

- 응효가 동하여 세효와 생합하고 왕한 재가 동하여
  세효와 생합하면 돈을 빌리거나 받을 수 있다.

- 세효와 응효가 같이 공망이 되고 재가 절(絕)이 되거나
  세효와 응효에 형이 놓이고 재가 절(絕)이 되면 돈을 못 받는다.

- 세효, 응효 재가 모두 공망되거나 모두 절(絕)에 놓이면 돈을 못 받는다.

- 응효의 재가 세효를 생하면 꾸어준 돈을 받는다.
- 형이 지세하거나 응효에 형이 있으면 꾸어준 돈을 못 받는다.

- 응효가 현무를 띠고 세효를 극하거나 응효가 공망이 되면
- 상대가 돈을 갚을 생각이 없고 나를 기만한다.

		택풍대과 ⟸ 뢰천대장		곤토(坤土)궁		
등사		‖	兄戌	‖		
구진	孫酉	l	孫申	⚊		申월
주작		l	父午	l	命世	庚戌일
청룡		l	兄辰	l		공망 寅卯
현무		l	官寅	l		
백호	兄丑	‖	財子	⚊	身應	

친구에게 돈을 빌릴 수 있나?

- 은행에서 빌릴 때는 관효가 용신이지만 친구이니 응효를 용신으로 한다.
- 응효는 월에서 생을 받으나 일에서 극을 당한다.
- 응효는 초효에서 동한 재로 변효와 회두극합이 되고 있다.
- 5효가 동하여 진신이 되며 응효를 생한다.
- 나는 세효로 응효가 극하고 일진에서 묘지에 빠진다.
- 세효는 월이나 동효에게 모두 휴수되니 세응이 모두 무력하여 빌릴 수가 없다.
- 丙辰일이 되면 申子辰 삼합으로 응효가 왕해진다.
- 이때 친구로부터 돈을 빌렸다.

		지풍승 ←	지천태		곤토(坤土)궁		
현무		∥	孫酉	∥	應		
백호		∥	財亥	∥	身		巳월
등사		∥	兄丑	∥			乙亥일
구진		Ⅰ	兄辰	Ⅰ	世		공망 申酉
주작		Ⅰ	官寅	Ⅰ	命	父巳	
청룡	兄丑	∥	財子	✗			

융자 가능?

- 융자는 상대방 은행의 상황을 봐야 하니 응효를 용신으로 한다.
- 상효에 있는 응효 酉金이 용신인데 현재 공망이다.
- 초효가 동하여 회두극되면서 상효의 힘을 뺀다.
- 용신은 월에서 극을 당하고 일에서 설기된다.
- 융자는 힘들다.

		← 곤위지	곤토(坤土)궁		
현무		∥	孫酉	∥	世	
백호		∥	財亥	∥		亥월
등사		∥	兄丑	∥	身	甲辰일
구진		∥	官卯	∥	應	공망 寅卯
주작		∥	父巳	∥		
청룡		∥	兄未	∥	命	

남편이 융자 가능?

- 남편의 운이 좋아야 하니 관이 용신이다.
- 재가 관을 생하면 좋을 것이다.
- 상괘와 하괘가 모두 충하니 육충괘이다.

- 동효는 없다.

- 3효에 있는 관 卯木이 용신이다.

- 용신은 월에서 생을 받고 있지만 일에서 휴수된다.

- 용신은 현재 공망이다.

- 일단 관이 출공하는 卯월 중에서 재를 충동하는 巳일이 되면 가능할 것
  이다.

			⇐ 화산려	이화(離火)궁			
현무			兄巳	I			
백호			孫未	II	身		卯월
등사			財酉	I	應		乙卯일
구진			財申	I		官亥	공망 子丑
주작			兄午	II	命		
청룡			孫辰	II	世	父卯	

돈을 빌릴 수 있을까?

- 상괘의 글자와 하괘의 글자가 합이 되는 육합괘이다.

- 동효는 없다.

- 돈에 관한 것은 재가 용신이니 3효와 4효에 있다.

- 재가 월일에서 극이나 충을 당하고 있다.

- 돈은 빌리지 못할 것이다.

			← 수화기제		감수(坎水)궁		
현무			兄子	‖	身應		
백호			官戌	∣			午월
등사			父申	‖			甲辰일
구진			兄亥	∣	命世	財午	공망 寅卯
주작			官丑	‖			
청룡			孫卯	∣			

회사에서 송금해 줄까?

- 회사에 관한 사항은 관효가 용신이다.

- 나에게 송금해 주는 것을 물으니 세효도 참고한다.

- 5효에 있는 戌土가 일진과 충으로 용신이다.

- 용신은 월에서 생을 받고 있고 세효를 극한다.

- 세효는 복신인 재를 극한다.

- 여러 모로 송금을 받기 힘들다.

- 언제 복신인 재가 드러날까?

- 巳일이 오면 지세한 형효가 충을 당하고 복신은 힘을 받으니 이때 송금
  을 받을 것이다.

실물점(失物占)

● 재가 분실물의 용신이 되나 물품에 따라 용신이 달라질 수 있다.

▶**재 용신 :** 돈, 상품, 금은, 보석, 비단, 양곡, 곡물

▶**부 용신 :** 의복, 문서, 수레, 말, 그릇, 포목, 서적, 자동차, 증권, 인장,
　　　　　 배, 장신구

▶**손 용신 :** 가축, 어류, 조개류, 약품, 동물, 식물

▶**관 용신 :** 도둑, 사기꾼, 공무원, 시체

● 내괘는 집안사람이고 외괘는 외부의 사람이다.

● 도난을 당했다는 것은 관이 동한 것이다.

● 관이 동하지 않으면 도둑맞은 것이 아니다.

- 재가 동할 때 일진과 충[日沖]이 되고 관이 안정되거나 쇠약하면
  도난이 아니고 타인에게 이동된 것이다.

- 용신이 내괘에 있으면 집안에 있고, 외괘에 있으면 집 밖에 있다.
- 용신이 초효에 있으면 우물 근처에 있고, 2효에 있으면 부엌에 있다.
- 용신이 3효에 있으면 방안에 있고, 4효에 있으면 대문 근처에 있다.
- 용신이 5효에 있으면 길거리에 있고, 상효에 있으면 담장, 울타리, 기
  둥, 난간 근처에 있다.

- 소재지와 방향은 본궁(本宮)의 오행으로 처소를 알고,
  용신의 오행으로 방향을 알고, 효위로 소재를 파악한다.

- 도둑을 찾을 때는 관의 방향에 있는 사람이 범인이다.

- 용신이 합을 만나면 분실물이 집안에 있고, 합이 없으면 밖으로 나간
  것이다.
- 괘 중에 관이 없으면 도둑을 맞은 것이 아니고 자기가 분실한 것이다.

- 공망이 변하여 다시 공망이 되면 일왕(日旺), 월왕(月旺)을 불문하고,
  물건이 그대로 있으니 찾는다.

- 용신이 동하여 변효가 공망이 되면 찾기 어려우나,
  일진과 월령이 용신을 생하면 찾을 수 있다.
- 재가 묘(墓)에 들거나, 동하여 묘(墓)로 화(化)하거나,

묘(墓)되는 효에 은복되는 경우에는 일진이 묘(墓)를 충하는 날에 찾을
수 있다.

- 세효가 동한 괘는 집안에서 스스로 없어진 것이다.

- 관이 묘(墓)에 들거나 동하여 묘(墓)로 화(化)하거나 묘(墓)에 은복되면
  도둑을 잡기 어렵다.
  이때 일진과 동효도 묘(墓)에 들면 숨어 있는 도둑을 잡을 수 있다.

- 관이 일진과 합을 이루면 도둑을 잡기 어렵고,
  일진이 관을 충극할 때 잡게 된다.

- 관은 도둑으로 보고 관이 양효에 있으면 남자, 음효에 있으면 여자의
  소행이다.
- 관효나 형이 내괘에서 동하면 집안사람 소행이고, 외괘에서 동하면
  타인의 소행이다.
- 관과 세효가 형충이 되면 원한 있는 사람의 소행이다.
- 관과 세효가 생합이 되면 친분 있는 사람의 소행이다.

- 세효가 일진이나 월령 및 동효의 생부나 왕상을 받아 유기하면 분실
  물을 찾는다.
- 세효가 극해나 형충파를 당해 쇠약하거나, 세효와 용신이 상극되거나,
  용신이 공망이 되면 찾지 못한다.

- 타효가 동하여 관을 충극하면 타인이 도둑의 거처를 가르쳐준다.
- 관이 공망효에 은복되면 도둑이 집에 숨어 있어 출공할 때 잡는다.

- 관이 쇠약하거나, 안정되거나, 일진에게 충파되거나,
  왕성한 손이 관을 극제하면 도둑을 잡는다.

- 용신이 충중봉합(沖中逢合)이 되면 분실물을 찾을 수 있고,
  합처봉충(合處逢沖)이 되면 못 찾는다.

- 관이 일진이나 동효의 형극을 받으면 찾을 수 있으나,
  형이 동하여 재를 극하면 찾을 수 없다.

- 세효가 왕상하고 관이 쇠약하면 도둑을 잡을 수 있다.
- 관이 왕하고 세효가 약하면 도둑을 잡기 어렵다.

- 관이 동하면 타인이 훔쳐간 것이다.
- 관이 은복되거나 공망 또는 쇠절묘에 임해 동하지 않으면
  남이 훔쳐간 것이 아니고 스스로 잃어버린 것이다.

- 충한 가운데 합을 만나면 찾을 수 있고,
  합이 되었는데 충이 되면 찾을 수 없다.

- 재[용신]가 공망이 되고 동하여 다시 공망이 되면,

적극 노력하면 찾을 수 있다.

- 실물은 팔괘 큰 방향으로 정하고 육친으로 사람을 추정한다.
- 도둑은 관이니 관이 건괘이면 서북쪽 사람이라는 식으로 추정한다.

- 관이 공망이 되거나 사절이 되고 동하지 않을 때,
  재가 응효의 상이나 하에 은복되면 도난이 아니고 빌려주고 잊어버린
  것이다.

- 용신이 내괘 본궁에 있으면 집 안에 있으니 찾을 수 있다.
- 용신이 외괘 타궁에 있으면 집 밖에 있으니 찾기 어렵다.

- 재가 동하여 묘(墓)로 변하거나, 묘(墓)에 임하거나, 묘(墓)에 은복되면
  깊이 숨어 있어 찾기 어려운데 일진의 충을 만나면 찾을 수 있다.

- 관이 묘(墓) 공망이 되고 세효가 동하거나, 관이 복(伏)하거나,
  공파묘절(空破墓絕)되고 동하지 않으면 역시 자기가 분실한 것이다.

- 용신이 타궁 외괘에 있으면 찾기 어려우며 간효에 있으면 이웃 근처에
  있다.

- 용신이 지세하여 안정되거나 세효와 생합되면 분실물이 그대로 있다.
  그러나 용신이 동하였으면 분실물이 이동하여 찾기 어렵다.

- 관효 밑에 용신이 은복되면 관의 창고, 대청, 창고에 있다.

- 부효 밑에 용신이 은복되면 장롱, 의류, 서적, 자동차, 선박에 있고, 내괘이면 부모에게 있고, 외괘이면 스승, 친척집에 있다.

- 관이 왕하여 동하였으면 도둑을 맞은 것이고, 쇠하여 정하면 잃어버린 것이다.
- 관이 은복되었거나 공파(空破)되면 분실한 것이다.

- 합이 있으면 안에 있고, 합이 없으면 밖으로 나간 것이다.
- 형이 동하여 재를 극하면 분실물을 찾지 못한다.

- 용신이 임한 효위와 동효, 변효, 그리고 비신과 복신의 오행과 육친으로 분실물이 있는 곳을 안다.

- 용신이 은복한 비신의 오행이 분실물이 있는 장소이다.
- 용신이 은복한 비신의 육친이 분실물이 있는 곳이다.
- 형효 밑에 용신이 은복되면 화장실, 담, 웅덩이에 있고, 내괘이면 형제 집이고, 외괘이면 친구나 동료집에 있다.

- 손효 밑에 용신이 은복되면 창문, 암자, 유치원에 있고, 내괘이면 자녀, 외괘이면 승려, 의사집에 있다.

- 용신이 동하여 일진과 합이 되면 분실물이 감추어져 있다.
- 용신이 진공(眞空)이나 진파(眞破)되면 못 찾는다.

- 세효가 생부되고 왕상하거나,
  세와 용신이 상생되거나 비화되면 분실물을 찾을 수 있다.

- 세효가 쇠약하고 형충이나 파극절공(破剋絕空)되거나,
  세와 용신이 상극되면 못 찾는다.

- 재가 동하면 괘 중에 묘(墓)의 유무(有無)를 막론하고,
  재의 묘(墓)가 분실물이 있는 방향이다.

- 도둑을 잡는 일에 재가 휴수하거나 충극이 되면,
  도둑을 잡더라도 잃어버린 물건은 찾을 수 없다.

- 용신이 세효 밑에 은복되면 신변에 있는 것이다.
- 도망자를 잡을 때는 용신이 정하고 쇠약하거나 충극되면 좋다.
- 용신이 세효 밑에 은복되면 도둑 잡는 일에는 신변에 재앙이 따른다.
- 관이 지세하여도 동한 손이 일진에 있다면 도둑이 체포된다.

- 도둑을 찾을 경우에는 기신이 지세하면 좋다.
  그러면 도둑이 멀리 가지 못한 것이다.

- 도둑 잡을 때 용신이 세효를 극하면,

  도둑이 나를 극하니 그냥 놓아주는 것이 좋다.

- 실물이나 가출인을 찾을 때는 용신이 휴수하여 충극되면 좋지 않다.
- 실물점에 용신이 휴수하거나 충극되면 잃어버린 물건이 변조된다.

- 도망자 입장에서 점치는 경우 세효가 묘(墓)에 들면 구금(拘禁)된다.
- 일월이 동하여 세효를 형충극해하면 재앙이 닥친다.

▶ 무엇을 분실했을까
◉ **초효** : 그물, 신발, 관(棺), 기계류

◉ **2효** : 쟁기, 사발, 책

◉ **3효** : 풍로, 벼루, 붓, 먹, 필기도구, 배, 차, 활, 화살, 거울, 안경

◉ **4효** : 동전, 자, 가마니, 목공기구

◉ **5효** : 금은, 거문고, 피리, 악기, 문서, 도장

◉ **상효** : 보화, 창문, 도끼, 저울

▶ 분실물이 어디에 있을까
◉ **형** : 형제, 친구, 동료, 화장실, 벽장

◉ **손** : 자식, 승도, 의사, 동물, 방안, 절, 병원, 가축, 우리

◉ **재** : 처, 첩, 여자, 상인, 기술자, 부엌, 창고

◉ **관** : 남자, 도둑, 사기꾼, 관청인, 사당, 불상, 묘지, 정자

◉ **부** : 사장, 스승, 문인, 책장, 옷장, 문서함

►분실물의 위치를 오행으로 구분

◉木 : 동쪽, 숲, 목공소

◉火 : 남쪽, 공장, 보일러실

◉金 : 서쪽, 사원, 철물점

◉水 : 북쪽, 호수, 연못가, 물탱크

	지뢰복 ←	지산겸	태금(兌金)궁		
청룡		‖	兄酉	‖	身	
현무		‖	孫亥	‖	世	寅월
백호		‖	父丑	‖		丁酉일
등사	父辰	‖	兄申	✗	命	공망 辰巳
구진		‖	官午	‖	應	財卯
주작	孫子	∣	父辰	✗		

인감도장 분실

● 도장은 부가 용신이니 초효에서 동한 辰土가 용신이다.

● 辰土는 월에게 극을 당하고 일에서 휴수된다.

● 용신 辰土는 변효 子水와 3효에서 동한 申金과 삼합을 이룬다.

● 辰土는 현재 공망이다.

● 3효가 동하여 회두생된다.

● 도장은 초효의 변효인 아랫사람에 의해 분실되었다.

● 辰土가 출공하는 戌시에 찾을 것이다.

			산화비 ← 화수미제		이화(離火)궁		
백호		Ⅰ	兄巳	Ⅰ	應		
등사		Ⅱ	孫未	Ⅱ			丑월
구진	孫戌	Ⅱ	財酉	✗	命		壬戌일
주작	官亥	Ⅰ	兄午	✗✗	世	官亥	공망 子丑
청룡	孫丑	Ⅱ	孫辰	✗			
현무	父卯	Ⅰ	父寅	✗✗	身		

승용차를 도난당했다

• 자동차, 배 등은 부가 용신이니 초효에서 동한 寅木이 용신이다.

• 부효는 寅午戌 삼합이 되어 용신의 힘이 설기된다.

• 용신은 월일에서도 휴수되고 있다.

• 특히 4효에서 동한 재가 월일과 변효에게 생을 받아 용신을 극한다.

• 2효와 3효도 동하여 모두 용신의 힘을 설기하니 승용차는 찾을 수 없겠다.

			풍수환 ← 산수몽		이화(離火)궁		
백호		Ⅰ	父寅	Ⅰ			
등사	兄巳	Ⅰ	官子	✗✗	身		子월
구진		Ⅱ	孫戌	Ⅱ	世	財酉	壬申일
주작		Ⅱ	兄午	Ⅱ			공망 戌亥
청룡		Ⅰ	孫辰	Ⅰ	命		
현무		Ⅱ	父寅	Ⅱ	應		

문서 실물점

• 문서는 부가 용신이니 寅木이 용신이다.

• 寅木은 월에서 생을 받고 일에서 충을 받아 암동한다.

- 원신인 5효가 동하여 용신을 생하니 긍정적이다.
- 찾을 수 있을 것이다.

➤ 실물점에서는

돈, 금은보석, 곡물, 물건은 재가 용신이고,

문서 증권, 자동차, 배, 옷 등은 부가 용신이다.

동물·식물은 손이 용신이고, 공무원, 도둑, 사기꾼, 시체 등은 관이 용신이다.

	산택손 ⇐ 풍택중부			간토(艮土)궁			
청룡		Ⅰ	官卯	Ⅰ			
현무	財子	Ⅱ	父巳	✗	命	財子	巳월
백호		Ⅱ	兄未	Ⅱ	世		丁巳일
등사		Ⅱ	兄丑	Ⅱ		孫申	공망 子丑
구진		Ⅰ	官卯	Ⅰ	身		
주작		Ⅰ	父巳	Ⅰ	應		

애완견 실종

- 동물이나 식물은 손이 용신이다.
- 용신은 3효에 복신으로 있는 申金이다.
- 용신이 형효에 숨어 있으니 친구집에 있다.
- 용신은 월일에서 형극을 받고 있다.
- 5효가 동하여 회두극되면서 역시 용신을 형극한다.
- 현재 복신이 숨어 있는 비신 丑土가 공망이니 출공일이면 찾을 수 있다.
- 출공하는 날은 未일이나 丑일이다.

	풍천소축		⇐ 산택손		간토(艮土)궁		
청룡		I	官寅	I	應		
현무	父巳	I	財子	X	命		子월
백호		‖	兄戌	‖			丁未일
등사	兄辰	I	兄丑	X	世	孫申	공망 寅卯
구진		I	官卯	I	身		
주작		I	父巳	I			

돈지갑을 분실했다

- 돈지갑은 재가 용신이다.
- 용신은 5효에서 동한 子水가 용신이다.
- 용신은 월에서 비화되고 일에서 극을 당하고 있다.
- 3효가 동하여 진신이 되면서 용신을 극합하고 있다.
- 용신에게 도움이 되는 환경이 조성되지 않으니 지갑은 찾을 수 없다.

	천택리		⇐ 화택규		간토(艮土)궁		
등사		I	父巳	I			
구진	孫申	I	兄未	X		財子	酉월
주작		I	孫酉	I	身 世		辛酉일
청룡		‖	兄丑	‖			공망 子丑
현무		I	官卯	I			
백호		I	父巳	I	命 應		

잃어버린 반지 찾을 수 있을까?

- 금반지 도둑맞은 물건은 재가 용신이다.
- 용신 재는 5효의 형효 밑에 은복되어 있다.
- 5효의 비신이 동하여 용신을 극하고 있다.

● 용신이 월일에서 생을 받으니 온전하지만 현재 공망이라서 찾기는 힘
  들다.
● 5효는 도로이고 형은 화장실〔벽장〕을 나타내니 도로가의 화장실에서
  분실했다.

◉ **형효** : 창문, 벽, 기둥

◉ **손효** : 목욕탕, 화장실, 사찰

◉ **재효** : 방, 부엌, 음식, 금고

◉ **관효** : 사기꾼, 도적, 직장

◉ **부효** : 가구, 장식품, 의류

소망점(所望占)

- 소망점은 세효가 용신이다.
- 내괘가 외괘를 극하거나, 세효가 응효를 극하면 소원하는 일이 성취된다.

- 용신이 왕하면 묘(墓)에 드는 날 성취하고,
  용신이 사절(死絶)이면 생왕하는 날 성취한다.

- 용신이 은복되면 용신과 비화되는 날에 성취한다.
- 일반적으로 손이 동하면 좋지만 관직이나 명예를 소망할 때는 꺼린다.

- 외괘의 응효가 내괘의 세효를 생해도 성취한다.
- 내·외괘의 세효와 응효가 일진이나 월령에 왕상하면 소원을 이룬다.

- 세효와 응효가 일진이나 월령에서 왕상하면 소원을 이룬다.
- 세효와 응효가 일월과 합이 되면 자연히 소원을 이룬다.

- 관이 동하여 세효와 응효와 생이나 합이 되면 타인의 도움을 받고 성취한다.
- 형에 길신이 놓여 세효를 생하면 주변의 도움으로 소원을 이룬다.

- 내괘와 외괘가 상극되고 세효와 응효가 또 상극되면 소망을 이루지 못한다.
- 세효와 응효가 같이 동하거나 육충괘가 되어도 소원을 이루지 못한다.

- 용신이나 응효가 형충극해가 되면 속임수가 있으니 조심해야 한다.
- 왕쇠, 동정(動靜), 음양과 효의 위치로 일의 대소와 성패를 판단한다.

- 세효나 응 그리고 신(身)이 공망이 되거나,
  사묘(死墓)나 절태(絕胎) 또는 형극파해를 당하면 성사되지 않는다.

- 관이 동하여 세효를 극하거나 합이 되면서 형해극파가 되면,
  소망은 이루어지지 않는다. 될 듯하면서도 안 된다.

- 세효와 응효가 모두 동하거나 육충괘를 얻으면 성취 못한다.
- 내·외괘가 모두 양이고 용신이 왕상하면 공공사업은 길하고 개인사업은 안 된다.

- 세와 응 그리고 신(身)이 휴수사절(休囚死絶)이나 공파(空破)되거나, 합처봉충(合處逢冲)이 되면 모든 일이 성사되지 못한다.

- 관이 동하여 세효를 극하면 소원은 이루어지지 않고 어려움이 닥치니 조심한다.
- 관이 왕하거나 동하면 소원을 이루지 못하고 어려움에 처한다.

- 관이 없으면 형이 왕 노릇을 하니 흉하다.
- 남에게 부탁할 때는 응과의 관계를 살핀다.

- 관이 공파사절(空破死絶)되면 어떤 일도 해서는 안 된다. 관은 모름지기 안정해야 한다.

- 용신이 왕상하면 공공에 관한 일은 길하지만 개인적인 일은 흉하다.
- 용신이 휴수되거나 은복되면 개인에 관한 일은 길하지만 공공의 일은 흉하다.

- 내괘가 외괘를 생하거나 세효가 응효를 생하면 내가 남에게 부탁한다. 이때 응효가 내괘에 있으면 근친(近親)이고, 외괘에 있으면 원친(遠親)이다.
- 상대방의 방향은 팔괘로 본다. 즉, 진괘(震卦)면 동쪽이고, 이괘(離卦)면 남쪽 사람이다.

- 용신이 왕상하고 청룡을 띠고 동해야 상대가 성실하다.
- 청룡이 동하면 성실하고 주작이 동하면 거짓이 많다.

- 구재점에는 왕한 재가 세효나 신(身)을 생합하고 형이 동하지 않으면
  길하다.

- 부탁하는 일에 백호가 동하면 상대가 손해를 입히고,
  등사가 동하면 상대가 변심을 한다.
  구진이 동하면 상대가 어리석고,
  현무가 동하면 사기성이 있고,
  주작이 동하면 거짓이 많다.

- 용신이 동하면 빠르고, 용신이 안정되면 더디다.
- 용신이 왕하면 신속하고, 용신이 쇠약하면 늦다.

- 세효와 응효와 일진 월령이 모두 합이 되면 자연스럽게 이루어진다.
- 관이 동하여 세효와 응효를 합하거나 생을 하면 타인의 도움으로 성취
  한다.

- 소망점에서는 일반적으로 형은 꺼리지만,
  형에 천을귀인 등 희신이 있으면 일이 순조롭게 된다.
- 용신이 왕상하고 은복되지 않으면 일이 빠르다.
  그러나 용신이 은복되거나 휴수나 사절(死絶)되면 일이 오래 걸린다.

● 양효가 동하여 음효로 변하면 일이 빠르게 진행된다.

  그러나 음효가 동하면 양효가 되더라도 일의 속도가 더디다.

● 용신이 태세와 비화되면 1년 내 성취되고,

  월지와 같으면 1개월 내에 성취되고,

  일진과 같으면 당일 성취된다.

● 내외괘가 모두 음이고 용신이 은복 또는 공망 휴수되면,

  개인사업은 좋지만 공공사업은 안 된다.

● 부탁하는 일에 응효나 용신이 일진이나 월령에게 극파를 당하거나,

  공망이 되면 상대방이 도와줄 힘이 없다.

● 응효나 용신이 묘절, 태사(胎死) 또는 휴수되어도

  상대의 도움을 못 받는다.

● 세효가 왕하고 응효가 쇠약하면 내가 이긴다.

● 응효가 왕하고 세효가 쇠약하면 내가 진다.

● 내기점에서 세효가 응효를 극하면 내가 이기고, 응효가 세효를 극하면

  내가 진다.

● 형과 관이 같이 동하면 내기하다가 싸운다.

- 재가 회두생하여 세효와 생합하면 돈을 많이 딴다.
- 백호 형이 동하여 세효를 극하면 돈을 많이 잃는다.

			← 곤위지	곤토(坤土)궁			
구진			孫酉	‖	世		
주작			財亥	‖			子월
청룡			兄丑	‖	身		己巳일
현무			官卯	‖	應		공망 戌亥
백호			父巳	‖			
등사			兄未	‖	命		

도박에서 이길까?

- 상대가 있는 도박이라면 세효와 응효와 재를 함께 살핀다.
- 세효와 응효가 충인데 세효가 응효를 극한다.
- 세효가 월에서 휴수되고 일에서 극을 당하니 좋지 않다.
- 응효 상대방은 월에서 생을 받고 있다.
- 재는 월과 비화되지만 일과 충이다.
- 현재 재 亥水가 공망이라 잃을 것은 없겠지만 亥일이 오면 손해가 있을 것이다.
- 도박을 하지 않는 것이 좋다.

	천수송 ⇐ 택수곤	태금(兌金)궁				
청룡	父戌	I	父未	X	命	
현무		I	兄酉	I		午월
백호		I	孫亥	I	應	丁未일
등사		II	官午	II	身	공망 寅卯
구진		I	父辰	I		
주작		II	財寅	II	世	

아들을 얻을 수 있을까?

- 자식은 손이 용신이니 4효에 있는 亥水이다.
- 용신은 월에서 휴수되고 일에서 극을 당하고 있다.
- 상효의 未土가 동하여 용신을 극한다.
- 자식을 얻을 수 없다.

	뢰화풍 ⇐ 건위천	건금(乾金)궁				
백호	父戌	II	父戌	✗	世	
등사	兄申	II	兄申	✗	身	午월
구진		I	官午	I		癸巳일
주작		I	父辰	I	應	공망 午未
청룡	父丑	II	財寅	✗	命	
현무		I	孫子	I		

부친은 언제 귀가?

- 부가 용신이니 상효에서 동한 戌土가 용신이다.
- 3효도 부지만 이때는 동한 상효를 용신으로 한다.
- 상효에 있는 용신은 동하여 복음이 된다.
- 복음이 되면 모든 노력이 헛수고가 된다.

- 寅午戌 삼합이 되어 용신을 생하니 부친의 귀가는 낙관적이다.

- 현재 午가 공망이니 출공하는 午일이면 소식이 올 것이다.

		지수사	⇐	뢰수해	진목(震木)궁		
현무		▮▮	財戌	▮▮			
백호		▮▮	官申	▮▮	身 應		申월
등사	財丑	▮▮	孫午	✗			乙酉일
구진		▮▮	孫午	▮▮			공망 午未
주작		▮	財辰	▮	命 世		
청룡		▮▮	兄寅	▮▮		父子	

자식을 얻고 싶다

- 자식은 손이 용신이니 4효에 있는 午火이다.

- 3효에도 午火가 있으나 동한 효를 용신으로 삼는다.

- 용신은 월일에서 휴수되고 있다.

- 용신은 동하여 변효에서도 휴수되고 현재 공망이니 진공(眞空)이다.

- 자식을 얻기 힘들다.

		천택리	⇐	태위택	태금(兌金)궁	
등사	父戌	▮	父未	✗	世	
구진		▮	兄酉	▮	命	午월
주작		▮	孫亥	▮		辛未일
청룡		▮▮	父丑	▮▮	應	공망 戌亥
현무		▮	財卯	▮	身	
백호		▮	官巳	▮		

자식이 있을까?

- 자식은 손이 용신이다.
- 4효의 亥水가 용신이다.
- 용신은 월에서 휴수되고 일에서 극을 당하고 있다.
- 상효가 동하여 용신을 극한다.
- 일에서 충이 되어 암동하는 3효도 용신을 극한다.
- 용신은 현재 공망이니 자식을 기대하기는 힘들다.

			지택림 ⇐ 지풍승		진목(震木)궁		
백호		‖	官酉	‖			
등사		‖	父亥	‖	命		辰월
구진		‖	財丑	‖	世	孫午	癸巳일
주작	財丑	‖	官酉	⁄			공망 午未
청룡		‖	父亥	‖	身	兄寅	
현무	孫巳	‖	財丑	⁄	應		

동업 가능할까?

- 동업은 상대방을 보니 응효를 용신으로 한다.
- 세효와 응효가 똑같이 丑土이니 긍정적이다.
- 초효의 응효가 동하여 회두생을 받으니 상대방이 먼저 나선다.
- 육효에서는 월의 辰土와 본괘의 丑土를 같은 土로 본다.
- 일이 巳火이니 丑土를 생하여 동업하면 좋다.
- 그러나 丑辰파가 되어 동업에 약간의 손상과 소란은 따른다.

	지화명이 ⇐ 이위화		이화(離火)궁			
등사	財酉	‖	兄巳	✗	身世	
구진		‖	孫未	‖		申월
주작	孫丑	‖	財酉	✗		辛亥일
청룡		｜	官亥	｜	命應	공망 寅卯
현무		‖	孫丑	‖		
백호		｜	父卯	｜		

동업 가능?

- 동업은 세효와 응효를 살핀다.
- 일단 육충괘는 내외, 선후, 앞뒤가 충돌이니 동업에 좋지 않다.
- 세효가 巳火이고 응효가 亥水이니 역시 부정적이다.
- 월과 일의 申金과 亥水는 상대방을 돕고 있다.
- 4효가 동하여 역시 상대방을 돕는다.
- 월이 巳申형이고 일이 세효를 극하니 나에게 여러 가지로 동업은 부정적이다.
- 동업하지 마라.

	풍화가인 ⇐ 간위산		간토(艮土)궁			
등사		｜	官寅	｜	命世	
구진	父巳	｜	財子	✗		寅월
주작		‖	兄戌	‖		辛巳일
청룡		｜	孫申	｜	身應	공망 申酉
현무		‖	父午	‖		
백호	官卯	｜	兄辰	✗		

동업 가능?

- 동업이니 세효와 응효를 보는데 서로 간에 충이다.

- 육충괘이니 동업에 부정적인 환경이 조성되었다.

- 월이 세효와 비화되고 응효를 충한다.

- 일에서는 세효와 寅巳형이고 응효와 巳申형이다.

- 현재 응효가 나타내는 상대방은 공망 상태이다.

- 초효는 동하여 회두극을 당해 힘없이 상대방을 생한다.

- 초효는 동하여 응효를 생하고, 5효는 동하여 세효를 생한다.

- 동업을 하지 않는 것이 좋다.

		풍지관 ⇐ 수지비		곤토(坤土)궁		
청룡	官卯	I	財子	X	應	
현무		I	兄戌	I		亥월
백호		II	孫申	II	身	丙子일
등사		II	官卯	II	世	공망 申酉
구진		II	父巳	II		
주작		II	兄未	II	命	

융자 가능한가?

- 돈을 상대방에게 빌리므로 재효와 응효를 함께 본다.

- 재가 용효와 함께 있고 동한다.

- 상효의 재는 월일에서 비화되고 있다.

- 동효가 발동하는 날이 子일이니 곧 돈을 빌릴 수 있을 것이다.

	수지비 ⇐ 택지췌			태금(兌金)궁		
현무		‖	父未	‖	身	
백호		│	兄酉	│	應	子월
등사	兄申	‖	孫亥	✗		甲午일
구진		‖	財卯	‖	命	공망 辰巳
주작		‖	官巳	‖	世	
청룡		‖	父未	‖		

자식이 없다

● 자식은 손이 용신이다.

● 4효에 있는 손이 동하여 변효의 생을 받고 있다.

● 용신은 월에서 비화되고 있고 일에서는 휴수된다.

● 용신이 생을 받는 金이나 水일에 잉태 가능성이 크다.

	택천쾌 ⇐ 택화혁			감수(坎水)궁		
등사		‖	官未	‖	身	
구진		│	父酉	│		午월
주작		│	兄亥	│	世	辛巳일
청룡		│	兄亥	│	命 財午	공망 申酉
현무	孫寅	│	官丑	✗		
백호		│	孫卯	│	應	

문서를 받을 수 있을까?

● 문서는 부가 용신이니 5효에 있다.

● 용신이 월일에서 극을 받고 있으나 현재는 공망이다.

● 2효의 원신은 회두극을 당해 힘이 없다.

● 문서는 받지 못할 것이다.

	택화혁 ⟵ 택지췌			태금(兌金)궁		
주작		‖	父未	‖	身	
청룡		I	兄酉	I	應	卯월
현무		I	孫亥	I		戊辰일
백호	孫亥	I	財卯	✗	命	공망 戊亥
등사		‖	官巳	‖	世	
구진	財卯	I	父未	✗		

집이 언제 철거당하나?

- 집은 초효에 있는 부효 未土를 용신으로 한다.
- 용신은 월에서 극을 받지만 일에서 비화되고 있다.
- 초효가 동하여 용신을 회두극하니 집이 불안하다.
- 3효가 동하여 亥卯未 삼합으로 힘 있게 용신을 극하니 철거당한다.
- 亥水가 현재 공망이니 출공하는 시기인 亥월이나 亥일에 철거될 것이다.

	택화혁 ⟵ 천화동인			이화(離火)궁		
현무	孫未	‖	孫戌	✗	身 應	
백호		I	財申	I		午월
등사		I	兄午	I		甲申일
구진		I	官亥	I	命 世	공망 午未
주작		‖	孫丑	‖		
청룡		I	父卯	I		

비가 와서 곡식 피해?

- 곡식은 재가 용신이니 5효의 申金이다.
- 申金은 월에서 극을 당하고 일에서 비화되고 있다.
- 상효가 동하여 퇴신이 되면서 용신을 생한다.

- 퇴신 등으로 좋다고는 볼 수 없으나 큰 피해는 없을 것이다.

		택화혁 ⇐	택지췌		태금(兌金)궁	
청룡		‖	父未	‖	身	
현무		∣	兄酉	∣	應	辰월
백호		∣	孫亥	∣		丁亥일
등사	孫亥	∣	財卯	✗	命	공망 午未
구진		‖	官巳	‖	世	
주작	財卯	∣	父未	✗		

복직 가능?

- 직업은 관이 용신이니 2효에 있는 巳火가 용신이다.
- 용신은 월에서 휴수되고 일에서 충을 맞고 있다.
- 초효가 동하여 회두극되면서 용신을 설기하려 한다.
- 그러나 3효에서 동한재가 亥卯未 삼합이 되면서 용신을 생한다.
- 초효 未土는 현재 공망이니 출공되는 未월에 복직이 될 것이다.

		곤위지 ⇐	감위수		감수(坎水)궁	
현무		‖	兄子	‖	世	
백호	兄亥	‖	官戌	✗		辰월
등사		‖	父申	‖	命	乙酉일
구진		‖	財午	‖	應	공망 午未
주작	財巳	‖	官辰	✗		
청룡		‖	孫寅	‖	身	

돈을 받을 수 있을까?

- 내가 돈을 받아야 하니 재가 용신이 아니라 세효가 용신이다.

- 상효에 있는 세효에 형제가 임하여 재를 극한다.
- 세효는 월에 입묘되고 일에서 생을 받고 있다.
- 생을 받으면서 자유파가 되니 순조롭지는 않다.
- 3효에 있는 재 또한 월일에서 휴수되며 현재 공망이다.
- 돈을 받기 힘들다.

	천화동인 ⇐ 택화혁			감수(坎水)궁			
백호	官戌	I	官未	X	身		
등사		I	父酉	I			巳월
구진		I	兄亥	I	世		癸酉일
주작		I	兄亥	I	命	財午	공망 戌亥
청룡		II	官丑	II			
현무		I	孫卯	I	應		

자식을 얻고 싶다

- 자식은 초효에 있는 손효 卯木이다.
- 卯木 용신은 월에서 휴수되고, 일에서 충이 되고 있다.
- 원신인 亥水도 일에서 생을 받지만 월파당하고 있다.
- 동효와 변효에서도 휴수되니 자식을 얻기 힘들다.

	진위뢰 ⇐ 태위택			태금(兌金)궁		
현무		II	父未	II	世	
백호	兄申	II	兄酉	X	命	酉월
등사		I	孫亥	I		乙未일
구진		II	父丑	II	應	공망 辰巳
주작	財寅	II	財卯	X	身	
청룡		I	官巳	I		

가게 개점?

- 가게를 오픈하는 데는 일하여 돈을 버는 것이니 손효와 재를 참고한다.
- 2효에서 동한 재가 퇴신이 되고 있다.
- 재는 월에게 충을 당하고 일에서 휴수된다.
- 동한 5효도 퇴신이 되어 손효를 생하고 재는 충을 한다.
- 4효의 손은 월에서 생을 받고 일에게 극을 당한다.
- 일을 하려는 손은 그저 그렇고 재는 좋지 않다.
- 희망이 없다.

		화택규	⇐	화수미제	이화(離火)궁		
청룡		I	兄巳	I	應		
현무		II	孫未	II			未월
백호		I	財酉	I	命		丙申일
등사		II	兄午	II	世	官亥	공망 辰巳
구진		I	孫辰	I			
주작	兄巳	I	父寅	X	身		

은행 대출 가능?

- 대출은 서류상의 일이니 부를 용신으로 하고 관[은행]을 참고한다.
- 초효에서 동한 부효 寅木은 월에서 寅未 귀문으로 휴수된다.
- 또 초효 부는 일에서 寅申충을 맞고 있다.
- 대출은 힘들다.
- 은행의 입장인 관을 보면 복신으로 있는 亥水인데 움직임이 없다.

			택수곤 ⇐ 수택절		감수(坎水)궁	
백호		‖	兄子	‖	身	
등사		∣	官戌	∣		子월
구진	兄亥	∣	父申	⚊	應	癸酉일
주작		‖	官丑	‖	命	공망 戌亥
청룡		∣	孫卯	∣		
현무	孫寅	‖	財巳	⚊	世	

담보 대출 가능?

- 담보 대출은 문서에 관한 것이니 부를 용신으로 한다.

- 4효에서 동한 申金이 용신이다.

- 용신은 월에서 휴수되고 일에서 비화된다.

- 초효가 동해 회두생되며 용신을 극형한다.

- 대출은 힘들다.

			지천태 ⇐ 지화명이		감수(坎水)궁	
백호		‖	父酉	‖		
등사		‖	兄亥	‖	命	丑월
구진		‖	官丑	‖	世	癸酉일
주작		∣	兄亥	∣		財午 공망 戌亥
청룡	孫寅	∣	官丑	⚊	身	
현무		∣	孫卯	∣	應	

전학이 가능할까?

- 전학은 학교와 관련이 있으니 관을 용신으로 한다.

- 2효에서 동한 丑土가 용신이다.

- 용신은 동하여 회두극이 되는데 월과 비화되고 일에 휴수된다.

- 세효도 용신과 같은 丑으로 마찬가지이다.
- 전학이 힘들다.

	뢰지예 ⇐ 화지진		건금(乾金)궁				
주작	父戌	‖	官巳	✗			
청룡		‖	父未	‖			卯월
현무		ǀ	兄酉	ǀ	身世		戊午일
백호		‖	財卯	‖			공망 子丑
등사		‖	官巳	‖			
구진		‖	父未	‖	命應	孫子	

회사 근무가 불안하다

- 관과 세효를 용신으로 본다.
- 상효에서 동한 관이 변효에 입묘되고 있다.
- 상효의 관은 월에서 생을 받고 일에서 비화된다.
- 세효는 酉金으로 월과 충이 되고 일에서 극을 당하니 불안한 나날이다.
- 회사에서 오래 근무하기 힘들겠다.

	풍산점 ⇐ 천산둔		건금(乾金)궁				
주작		ǀ	父戌	ǀ			
청룡		ǀ	兄申	ǀ	應		寅월
현무	父未	‖	官午	✗	命		戊戌일
백호		ǀ	兄申	ǀ			공망 辰巳
등사		‖	官午	‖	世	財寅	
구진		‖	父辰	‖	身	孫子	

학교 입학 가능?

- 학교는 관효를 용신으로 하고 공부나 시험은 부를 용신으로 한다.

- 관효가 동하여 변효와 午未합이 된다.

- 용신 관은 월일과 寅午戌 삼합이 되어 왕하다.

- 세효 또한 관과 같은 午火이니 학교에 입학하겠다.

			천산둔 ⇐ 풍산점		간토(艮土)궁		
등사		┃	官卯	┃	命 應		
구진		┃	父巳	┃		財子	丑월
주작	父午	┃	兄未	⫻			辛卯일
청룡		┃	孫申	┃	身 世		공망 午未
현무		┃┃	父午	┃┃			
백호		┃┃	兄辰	┃┃			

형이 언제 귀가하나?

- 형효를 용신으로 하니 4효의 未土가 회두생되고 있다.

- 동효 未土와 변효 午火는 현재 공망이다.

- 동효와 변효가 모두 공망이면 흉하다.

- 용신 未土는 월에서 충파되고 일에게 극을 당하고 있다.

- 귀가하지 못한다.

심인점(尋人占)_사람 찾는 점

- 찾는 사람이 용신이다.
- 가출한 처를 찾는다면 재가 용신이다.

- 나의 상대방은 응으로 용신을 정하고, 그 외에는 육친으로 용신을 정한다.

- 관직의 사람은 관으로, 승도나 하인은 손으로, 친구는 형으로 용신을 삼고, 도둑은 현무와 관이 용신이다. 존장은 부가 용신이다.

- 용신이 외괘에 있으면 멀리 있고, 내괘에 있으면 가까이 있다.
- 용신이 은복되어 있으면 꼭꼭 숨어 있다.

- 용신이 놓인 12지지로 찾는 사람이 있는 방향을 본다.

- 재가 午이면 처가 남쪽에 있다.
- 午가 동하여 酉로 변하면 서방으로 옮겨갔다.

- 용신이 안정될 경우는 용신이 있는 효의 비신이 이동한 방향이고,
  용신이 동하면 변효가 이동한 방향이다.

- 용신이 본궁(本宮) 내괘에 있으면 가까운 곳에 있고,
  용신이 본궁(本宮) 외괘에 있으면 멀리 도망갔다고 본다.

- 용신이 나타나 있으면 가까운 곳에 있고,
  용신이 은복되어 있으면 먼 곳에 있다.

- 복신이 용신일 때 비신을 극하거나, 응효가 세효를 극하거나,
  용신이 공망 또는 절묘(絶墓)가 되면 찾을 수 없다.

- 용신이 상효에 임해 왕상하고 동하지 않거나,
  일진이나 월령 또는 동효의 충파가 없으면 돌아오지 않는다.

- 용신이 형충극해를 받지 않으면 돌아올 마음이 없다.
- 용신이 세효와 생합되지 않을 때 세효가 용신을 극하지 못하면 안 온다.

- 일진이 용신을 극제하면 도망자는 잡을 수 있다.
- 동하여 생긴 변효가 용신을 생해주면 잡았으나 다시 도망간다.

- 간효가 용신과 상합하면 보호하고 있는 자와 뜻이 같고,
  간효가 세효와 충극이 되면 보호자가 나에게 도움이 안 된다.

- 용신이 동하여 퇴신이 되면 잡기 어렵다.
- 세와 일진이 동하여 용신을 극제하면 잡을 수 있다.

- 용신이 은복되거나 공망을 만나면 깊숙이 숨어 있으니 찾기 어렵다.
- 용신이 왕하고 역마에 있으면 먼 곳으로 도망간 것이니 찾기 어렵다.

- 용신이 안정되어도 합이 되면 동하는 상이고,
  용신이 동해도 합이 되면 정지하게 되니 찾는 희망이 있다.

- 용신이 동하여 일진과 합을 이루면 깊이 숨어 있다.
- 합된 효의 육친이 숨겨주는 자이다.

- 용신이 안정되면 찾기 쉽지만, 용신이 동하면 이동한 것이니 찾기 힘
  들다.

- 왕(旺)한 세효가 쇠약한 응효를 극하거나,
  비신이 은복된 용신을 극하면 찾을 수 있다.
- 세효가 공망이 되거나 응효가 공망이거나,
  세효와 응효가 같이 공망이 되면 못 찾는다.

- 응효가 세효를 생합하면 상대가 나에게 우호적이니 돌아올 수 있다.
- 응효가 세효를 충극하면 돌아오지 않는다.

- 용신이 왕하고 역마에 있으면 먼 곳으로 도망간 것이니 찾기 어렵다.
- 5효의 용신이 동하여 퇴신이 되면 중도에서 돌아온다.

- 복신이 용신일 때 비신을 극하거나, 응효가 세효를 극하거나,
  용신이 공망 또는 절묘(絶墓)가 되면 찾을 수 없다.

- 용신이 상효에 임해 왕상하고 동하지 않거나,
  일진이나 월령 또는 동효의 충파가 없으면 돌아오지 않는다.

- 세효가 동하여 용신을 극하면 못 찾고,
  용신이 공망이 되면 종적을 알 수 없으니 못 찾는다.

- 일진이 용신을 극하면 도망자를 잡는다.
  그러나 변효가 용신을 생하면 잡은 후에 놓친다.

- 용신이 동하여 본궁(本宮)의 재와 합하면,
  그 자가 부인과 함께 도주한 것이다.
- 간효는 이웃으로 보는데 간효가 용신과 합을 하면 정(情)을 통했고,
  간효가 세효와 충극이 되면 이웃이 속여 데려갔다고 본다.

- 용신이 동하거나 응효가 동하면 삼합이나 육합일에 돌아오고, 용신과 세효가 생합되면 후일 스스로 돌아온다.

- 용신이 있는 8괘의 방향에 상대가 있다〔例 이괘는 남쪽〕.
- 용신이 안정되어 있으면 거처를 옮기지 않았고, 동했으면 옮긴 것이다 〔例 용신 子水가 동하여 寅木으로 변하면 북쪽에서 동쪽으로 간 것이다〕.

- 건괘가 동하여 이괘가 되면 서북방에서 남방으로 간 것이다.
- 용신이 木을 띠고 감수(坎水)궁에 있으면서 동하면 배를 타고 도망간 것이다.

- 상효에 용신이 있으면 멀리 간 것이다.
- 용신이 안정되면 찾을 수 있고, 용신이 동하면 움직이고 있으니 찾을 수 없다.

- 용신이 안정되었을 때 합을 만나게 되면 움직여 이동하기 시작한 것이니 흉하지만, 용신이 동했을 때 합이 되면 정지한 것이니 길하다.

- 용신이 동하여 재와 합을 하면 아내를 꾀어 도주한 것이다.
- 용신이 진신이 되면 찾을 수 있으나, 용신이 퇴신이 되면 찾지 못한다.
- 응효가 세효와 생합하거나 외괘가 내괘와 생합이 되면 도망자가 돌아올 마음이 있다.

- 일진이 용신과 동하여 합하면 찾는 사람이 현재 의도적으로 숨어 있다.
- 용신과 합을 한 효의 육친이 도망자를 숨겨주고 있는 자이다.

- 용신이 충을 만나면 상대방이 꾸중을 듣고 있고,
  용신이 극을 만나면 타인에게 잡혀 있다.

- 용신이 생부하고 세효와 생합이 되면 찾기 쉽다.
- 간효는 찾는 사람을 보호하는 사람, 찾는 사람이 있는 주변 환경이다.

- 용신이 동하여 다시 용신이 되면 속히 돌아온다.
- 용신을 일진이나 동효 또는 변효가 생합하면 남녀가 같이 있다.

- 용신이나 응효가 세효를 생합하고 동하지 않으면,
  용신이 충을 만나는 일진에 돌아올 생각을 하고 생왕하는 날 돌아온다.

- 용신이 동효의 극을 받거나 용신이 생부되고 세효와 유정(有情)하면,
  찾는 사람의 거처를 나에게 가르쳐주는 사람이 있다.

- 용신이 묘(墓)이면 잡기 어렵지만,
  묘(墓)가 충개(沖開)하는 날이 오면 찾게 된다.
- 용신이 상효에 있으면 멀리 갔다.
- 괘 중이나 일진이나 월령에 재가 없으면 돈이 없어서 못 오고 있다.

● 재를 용신으로 할 때 목궁(木宮)의 재는 辰戌丑未가 되니,
  목궁(木宮)의 처첩은 사고(四庫)가 임하는 곳에 있다.

● 세효가 공망이 되면 찾지 못하고, 응효가 공망이 되어도 찾지 못한다.

여행점(旅行占)·출행점(出行占)

- 세효가 용신이지만 다른 사람을 점칠 때는 육친에 따른다.
- 출행점에서는 자신은 세효를 보고, 만나는 상대는 응효를 본다.

- 목적에 따라 재, 관 등을 용신으로 정해 세효와 함께 본다.
- 간효는 동행자가 되고, 사용경비는 재로 본다.

- 육친에 해당하는 자는 해당 육친으로 보며 그 외는 응효로 본다.
- 용신이 생왕하거나 손을 띠고 유기하면 길하다

- 용신이 휴수, 묘절, 공파(空破)되거나 동하여 흉으로 변하면,
  출행(出行)을 안 하는 것이 좋다.

- 내괘가 외괘를 극하거나, 세효가 응효를 극하면 여행길이 길하다.

- 외괘가 내괘를 극하거나, 응효가 세효를 극하면 여행길이 흉하다.
- 외괘가 내괘를 생하거나, 응효가 세효를 생하면 여행길이 길하다
- 내·외괘가 비화되거나, 세효와 응효가 비화되면 여행길이 좋다.

- 응효가 공망이 되거나 유혼괘를 득하면 출발을 보류하는 것이 좋다.

- 관이 내괘에 있으면 집을 떠나도 좋지만, 관이 외괘에 있으면 여행하지 말라.
- 내괘가 극을 받으면 집을 나가고, 외괘가 극을 받으면 여행하지 말라.

- 선박은 부로 보고, 선장은 세효로 본다.
- 지세한 육친으로 선박의 신구(新舊)를 분별하고 왕쇠를 참작한다.

- 세효가 휴수되고 일진, 월령 또는 동효에 충극되면서 현무에 있으면, 색(色)으로 인해 망신살을 뻗친다.

- 세효가 왕해도 동한 손이 세효를 충극하면 주색으로 병(病)을 얻는다. 이때 동한 손이 관으로 변하여 세효를 극상(剋傷)하면 주색으로 곤란을 겪는다.

- 손이 지세하여 청룡에 있으면 여행길이 순조롭다.
- 관이 동하여 세효를 극하면 여행이 고생길이다.

- 백호가 동하여 신(身)을 극하면 남과 다투게 된다.
- 백호가 관에 있으면 여행 중에 질병을 얻는다.

- 관이 비신에 임하여 동하고 신(身)을 극하면 교통사고를 조심한다.
- 寅卯에 있는 관이 동하여 세효를 극하면 해상이나 차 내에서 부상을 당한다.

- 세효가 암동하면 반드시 여행을 떠난다.
- 세응 중간에 있는 간효가 공망이 되면 혼자 가는 것이 좋다.

- 세효가 쇠하고 현무가 지세하면 여행 중 여자 문제로 고생한다.

- 손이 동하여 관으로 화(化)해 세효를 상(傷)하면,
  주색으로 쟁송(爭訟)이나 시비가 생긴다.

- 출행점에서는 세효가 유기하고 공상(空傷)되지 말아야 한다.
- 출행점에서는 손이 지세하고 동하면 좋다.

- 손이 동하면 여행 중 근심 걱정이 사라진다.
- 관을 용신으로 할 경우는 손이 지세하거나 동하는 것을 꺼린다.

- 세효가 진신이 되면 출행하는 것이 좋다.
- 세효가 퇴신이면 출행하지 않는 것이 좋다.

- 세효가 복음이 되면 출행하지 못한다.

- 세효가 동하여 출행을 결심했어도,
  세효가 충파합(沖破合)이나 공상(空傷)이 되면 사정이 생겨 출행하지
  못한다.

- 관이 내괘에 있거나,
  내괘가 일진, 월령 또는 동효에게 극을 받으면 집을 떠난다.

- 관이 지세하고 동하면 신상에 위험한 일이 생기니 여행을 중지해야
  한다.
- 관살에 화개가 임하여 신(身)을 극하면 여행 중 재앙을 만난다.

- 손이 동하여 왕한 세효를 형충하면 주색으로 질병이 난다.

- 세효가 일진이나 월령 동효의 충극을 만나거나,
  사절묘(死絶墓)나 휴수되어 청룡에 있으면 주색으로 망신당한다.

- 일진이 역마가 되면 원행(遠行)을 하고 세효를 충하는 날에 떠난다.
- 정효가 일진의 충을 받으면 떠나도 좋고, 동하여 합되면 머물게 된다.

- 외괘에 관이 있거나 외괘가 극을 받으면 집을 떠나는 것이 좋지 않다.
- 세효가 응효를 극하거나 세효와 응효가 비화되면 출행하는 것이 좋다.

- 육충괘가 육합괘로 변하면 출행에 길하다.

  관이 중첩되면서 동하고 현무가 있으면 도둑을 근심해야 한다.

- 건궁이나 진궁에 관이 동할 때 교통사고를 조심한다.
- 태궁과 감궁에 관이 동할 때 풍파(風波)를 주의한다.

- 리궁과 손궁에 관이 동할 때 불 또는 산에서 오는 재앙을 조심한다.
- 곤궁과 간궁에 관이 동하면 토석, 평야, 산간을 여행하면 흉하다.

- 용신이 유기하고 공상(空傷)되면 공상(空傷)을 벗어날 때 성사된다.
- 세효가 유기하고 공상(空傷)이 되면 공상(空傷)을 벗어날 때 출행하면
  좋다.

- 세효가 동하여 충파된 경우는 합 되는 때에 출행해야 한다.
- 세효가 동하여 합된 경우는 충개(沖開)될 때 출행해야 한다.

- 세효가 생을 받아 왕해지면 길하지만 휴수되면 흉하다.
- 합처봉충(合處逢沖)이면 흉하고, 충중봉합(沖中逢合)이면 길하다.

- 반음이나 퇴신이 되면 여행을 떠나도 도중에 돌아온다.
- 부가 세효를 극하면 풍우(風雨)를 만나거나 선박, 자동차로 가게 된다.

- 손이 지세하거나 세효가 동하여 손으로 변하면 여행 중에 어려움이
  없다.

● 손이 동하여 세효를 생해도 여행 중 모든 재난이 사라진다.

● 5효는 도로이니 5효에 흉살이 놓이면 여행이 불길하다.
● 5효에 등사 관이 놓이면 여행 중에 놀라고 괴이한 일이 생긴다.
● 5효에 백호 관이 놓이면 사고나 병이 난다.
● 5효에 현무 관이 놓이면 도난을 당한다.

● 외괘가 내괘를 생하거나, 응효가 세효를 생하면 재를 득한다.
● 내·외괘가 비화되거나, 세효와 응효가 비화되면 이익이 있다.

● 청룡 손이 지세하면 대길하니 여행 목적이 순조롭다.
● 백호 관이 지세하며 동하면 위험하니 여행을 중단해야 한다.

● 세효가 현무를 띠고 쇠약하면 여행 중 여자관계로 창피를 당한다.
● 관이 동하여 세효를 극하면 여행 중 나쁜 사람을 만나 고생한다.

● 육효가 안정되고 길신이 지세할 때,
  동효가 용신과 세효를 극하지 않으면 안전하고 무사하다.

● 재와 손이 청룡을 띠고 생을 받아 왕해지면 길하다.
● 길신이 동하여 세효와 생합되면 순풍에 항해한다.

● 세효나 용신이 동하여 관으로 변하면 배를 타서는 안 된다.
● 세효나 용신이 묘절이나 공파(空破)되면 항해 중 불안한 일이 생긴다.

- 부가 삼전극(三傳剋)이 되거나 형충이나 공파(空破)되면 대흉하다.
- 재가 복(伏)하거나 유혼괘가 되어도 불안하다.

			천화동인	⇐	택화혁	감수(坎水)궁			
현무	官戌	ㅣ	官未	乂	身			
백호		ㅣ	父酉	ㅣ				午월
등사		ㅣ	兄亥	ㅣ	世			乙未일
구진		ㅣ	兄亥	ㅣ	命	財午	공망 辰巳
주작		‖	官丑	‖			
청룡		ㅣ	孫卯	ㅣ	應		

오늘 여행 가능한가?

- 용신은 세효이니 亥水이다.
- 용신이 월에서 휴수되고 일에게 극을 당한다.
- 상효가 동하여 진신이 되어 강해진다.
- 동효가 용신을 극하니 여행하면 좋지 않다.
- 동효에 있는 현무는 앞을 모르는 어두움이다.

			손위풍	⇐	풍산점	간토(艮土)궁			
등사		ㅣ	官卯	ㅣ	命 應			
구진		ㅣ	父巳	ㅣ		財子	寅월
주작		‖	兄未	‖			辛卯일
청룡		ㅣ	孫申	ㅣ	身 世		공망 午未
현무	財亥	ㅣ	父午	乂			
백호		‖	兄辰	‖			

여행점

- 여행은 세효가 용신이니 3효에 있는 申金이 용신이다.
- 申金은 월일에서 휴수되고 있다.
- 공망인 2효 午火가 동하여 회두극되며 용신을 극하고 있다.
- 부가 동하니 부모 때문에 가는 가족여행으로 끌려가는 입장이다.
- 부모는 월일에서 생을 받으니 신이 나지만 변효인 재가 극하니 돈 지출이 있다.
- 본인은 재미없는 여행이 될 것이다.

			건위천 ⇐ 수천수		곤토(坤土)궁		
백호	兄戌	I	財子	X	命		
등사		I	兄戌	I			辰월
구진	父午	I	孫申	X	世		癸巳일
주작		I	兄辰	I	身		공망 午未
청룡		I	官寅	I		父巳	
현무		I	財子	I	應		

부모와 함께 가는 여행점

- 여행은 세효를 용신으로 하니 4효에서 동한 申金이 용신이다.
- 세효는 동하여 회두극을 당하고 있지만 현재 午火는 공망이다.
- 용신 세효는 월에서 생을 받지만 일에서는 극형합을 당한다.
- 합으로 묶이면 여행은 불발이다.
- 상효가 동해 회두극되면서 월령과 申子辰 삼합을 이루어 용신이 설기된다.
- 이번 여행은 힘들다.

		수천수 ←	풍택중부		간토(艮土)궁		
현무	財子	‖	官卯	✗			
백호		❙	父巳	❙	命	財子	丑월
등사		‖	兄未	‖	世		乙卯일
구진	兄辰	❙	兄丑	✗		孫申	공망 子丑
주작		❙	官卯	❙	身		
청룡		❙	父巳	❙	應		

여행을 가고 싶다

- 자기 여행은 세효를 중심으로 본다.

- 4효에 있는 세효 未土는 월에서 충을 맞고 암동한다.

- 그리고 일에서 극을 받아 휴수하다.

- 3효가 동하여 세효를 충하니 동료가 도움이 되지 않는다.

- 상효 관귀가 동하여 회두생되며 세효를 극하니 이번 여행은 하지 않는 것이 좋다.

		뢰산소과 ←	지화명이		감수(坎水)궁		
청룡		‖	父酉	‖			
현무		‖	兄亥	‖	命		申월
백호	財午	❙	官丑	✗	世		丙子일
등사		❙	兄亥	❙		財午	공망 申酉
구진		‖	官丑	‖	身		
주작	官辰	‖	孫卯	✗	應		

출행점

- 자신의 출행은 세효가 용신이다.

- 지세한 丑土가 용신으로 동해서 회두생되고 있다.

- 용신 丑土는 월에서 휴수되고 일과 子丑합이 된다.
- 초효가 동하여 용신을 극하니 출행하지 않는 것이 좋다.

			산뢰이	⇐	지택림	곤토(坤土)궁	
등사	官寅	I	孫酉	メ			
구진		II	財亥	II	應		申월
주작		II	兄丑	II	身		辛巳일
청룡		II	兄丑	II			공망 申酉
현무	官寅	II	官卯	メ	世		
백호	官寅	I	父巳	I	命		

여행점

- 여행은 세효를 용신으로 하니 2효의 卯木이다.
- 2효가 동하여 퇴신이 되니 불길하다.
- 세효는 월에서 극을 받고 일에서 휴수된다.
- 상효가 동하여 용신을 극하니 여행하지 않는 것이 좋다.

			뢰풍항	⇐	뢰천대장	곤토(坤土)궁	
백호		II	兄戌	II			
등사		II	孫申	II			酉월
구진		I	父午	I	命 世		癸酉일
주작		I	兄辰	I			공망 戌亥
청룡		I	官寅	I			
현무	兄丑	II	財子	メ	身 應		

여행점

- 여행은 세효가 용신이니 4효에 있는 午火가 용신이다.

- 용신은 월일에서 휴수되고 있다.
- 초효가 동하여 회두극되면서 용신을 충한다.
- 여행하지 않는 것이 좋다.

			택화혁 ⇐ 수천수		곤토(坤土)궁		
청룡		‖	財子	‖	命		
현무		l	兄戌	l			丑월
백호	財亥	l	孫申	✕	世		丙辰일
등사		l	兄辰	l	身		공망 子丑
구진	兄丑	‖	官寅	✕		父巳	
주작		l	財子	l	應		

어느 방향으로 피난을 갈까?

- 세효가 용신이니 4효에서 동한 申金이 용신이다.
- 용신은 월일에서 생을 받고 있다.
- 2효가 동하여 용신과 충이 된다.
- 그러나 손이 관을 충하니 근심이 없다.
- 세효를 생해주는 申金 방향이 좋을 것이다.

가택점(家宅占)

- 가택점에서는 2효가 택효이고, 5효가 도로[인구] 효이다.
- 가택점에서는 내괘가 가정이고, 외괘가 사회이다.

- 택효[2효]에 손이나 재가 있으면 집안이 평안하다.
- 택효에 관이 있으면 관재 및 질병이 있을 수 있다.

- 택효에 형이 있으면 손재수가 있고,
  택효에 부가 있으면 자손의 액(厄)이 있다.

- 택효에 응효가 있으면 타성(他姓)이 집안에 같이 산다.
- 택효가 동하여 세효를 생하면 1~2년 안에 이사한다.

- 일진이나 세효가 택효를 극하면 집안이 편치 않다.
- 택효가 월파 또는 일진이나 동효의 극을 받으면 집안에 재앙이 있다.

- 2효와 합이 되는 효를 대문으로 보고, 2효와 충이 되는 효를 도로로 본다.
- 택효가 공망을 만나면 황폐한 가택이다.
- 택효가 연월일 모두에게 3파되면 가옥이 붕괴된다.

- 택효에 청룡이 있고 생왕하면서 공망이 아니면 집을 수리하거나 짓는다. 이때 택효에 재가 있으면 부엌 수리, 부가 있으면 집안 수리, 형이 있으면 대문 수리, 손이 있으면 안방 수리, 관이 있으면 외당이나 대청 수리이다.

- 택효가 연월일에게 파를 당하지 않고, 일월이나 동효의 생을 받으면 재물이 흥왕하다.

- 초효에 亥子가 있고 백호에 해당하면 집 주변에 교량이 있다.
- 초효에 있는 亥子가 현무에 있으면 집 가까이에 우물이나 개울이 있다.
- 초효에 寅卯가 관이면 그 집에 나무뿌리가 침범한다.

- 택효에 있는 巳午 관이 주작에 해당하면 집안에 화재수가 있다.

- 택효에 있는 관이 주작에 해당하면 집안에 관재수 또는 송사의 조짐이 있다.
- 재가 동하여 왕하고 부가 일진이나 월령의 충극까지 받으면 부모에게 흉액이 있을 수 있다.

- 5효 인구효가 택효를 극하면 가정이 편안하고, 택효가 동하여 5효 인구효를 극하면 가족에게 우환이 있다.

- 5효에 亥子가 있어 택효를 생합하면 집 근처에 개울이 둘러싸고 있다.

- 부효는 건물이나 가택효로도 본다.
- 택지(宅地)의 길흉은 세효가 내괘에서 유기하고 건왕하면서 정(靜)하면 좋다.

- 세효는 택지이고 부는 건물이니 세효와 부가 상생이나 상합하면, 택지와 건물이 바람직하다.

- 부가 동하여 세효를 극하면 건물과 택지가 화합이 안 되어 흉하다.
- 응효가 세효를 극하면 집의 방향이 좋지 않다.

- 가택점에서 세효가 휴수하거나 무기할 때 관이 지세하면 흉하고, 세효가 화출한 변효가 관으로 회두극이 되어도 흉하다.

- 택효가 공망이 되면 이사를 하지 않는 것이 좋다.
- 부효나 5효가 역마와 함께 하면 이사를 해도 괜찮다.

  ※택효에 놓인 육친에 따라 가택의 길흉이 달라진다.

- 택효에 형이 있으면 손재, 병고(病苦), 시비, 구설이 있다.
- 택효에 손이 있으면 집이 좋고 번영하지만 남편의 근심이 있다.

- 택효에 재가 있으면 그 집에서 돈을 벌고 부자가 되지만 부모에게 근심이 있다.
- 택효에 관이 있으면 관재나 질병이 있다.
- 택효에 부가 있으면 상심하고 고생하며 자손의 근심이 있다.

- 택효에 있는 火 관이 주작에 있으면 관재나 화재수가 있다.
- 택효에 있는 관이 백호에 있으면 질병, 사고 혹은 싸움이 있다.
- 택효에 있는 관이 현무에 있으면 도둑이나 물건을 분실할 수 있다.

- 초효에 있는 土가 일진이나 월령에 충파되면 집이나 분묘에 결함이 있다.

- 5효에 백호가 있고 타효가 동하여 5효를 형충이나 극해(剋害)하면, 집안에 간질 등 난치병 환자가 있다.

- 청룡 관이나 부가 귀인을 띠면서 택효나 세효에 놓이고, 일진과 월령이 비화하면 벼슬을 한다.

- 일진과 세효가 택효를 극하면 집안에 우환이 있다.
- 택효가 월파되고 일진 또는 동효의 극을 받으면 가택이 안정되지 못한다.

- 년월일이 형을 충파하면 담이 무너진다.
- 택효가 온전하고 동효가 택효를 생하면 집안이 흥왕하다.

	건위천 ←		천뢰무망		손목(巽木)궁	
현무		I	財戌	I		
백호		I	官申	I		寅월
등사		I	孫午	I	命 世	乙卯일
구진	財辰	I	財辰	X		공망 子丑
주작	兄寅	I	兄寅	X		
청룡		I	父子	I	身 應	

가택점

- 집안이 편안할까?
- 천뢰무망과 건위천이 모두 육충괘이다.
- 충은 안정감이 없이 어지럽다는 의미이다.
- 외괘는 밖의 일이고, 내괘는 집안 일이다.
- 2효와 3효가 동하여 복음이 되니 집안에 어려움이 있을 것이다.
- 월일에서 재 土를 극하니 처첩에 문제가 있을 것이다.

분묘점(墳墓占)

- 내괘가 산두(山頭)이고, 외괘는 조향(朝向)이고, 세효는 혈장이다.
- 세효가 초효나 2효 혈장에 있으면 산두의 생기를 받아 영화가 끊이지 않는다.

- 세효가 3효나 4효 혈장에 있으면 산두의 여기를 받아 자손의 부귀영화로 그친다.
- 세효가 5효나 상효 혈장에 있으면 산두의 정기가 빠져 후손이 끊어지는 흉지이다.

- 유혼혈은 동하면 상(商)이 되고, 관은 기(氣)가 막혀 불길하다.
- 혈효가 왕동(旺動)하여 水火에 있으면 인가가 가까이 있다.

- 세효가 상생이나 상합되면 길하고 상충 상극되면, 사비수배지(沙飛水背地)이니 흉하다.

- 세효가 혈(穴)을 생부하고 세응 사이에서
  청룡과 백호가 혈효를 생부효나 공합하면 길하다.

- 세효와 응효가 혈효로 삼합국이나 육합괘를 이루거나,
  또는 청룡 백호의 두 효가 삼합국을 이루면 크게 길하다.

- 관이 휴수나 사절(死絶)이 되면 황폐한 묘(墓)가 있고,
  관이 장생을 득하면 수혈(壽穴)이 있다.

- 세효가 혈효에 놓여 있고,
  구진이 辰戌丑未에 있으면서 충극이 되면 전원(田園)이다.

- 응효에 亥子가 현무를 띠고 수국(水局)을 이루면 도랑, 구덩이, 우물,
  연못이다.
- 응효에 寅卯가 현무에 있으면 뒤쪽에 개천과 다리가 있다.

- 토효(土爻)가 등사를 띠고 혈과 합하면 몰래 매장한 묘(墓)가 있다.
- 토효(土爻)가 구진을 띠고 동하거나 공망되면 근처에 얕게 묻혀 있다.

- 손이 혈효를 만나 삼전(三傳) 위에 있고 상생이나 상합하면,
  자손이 무궁무진하다.

- 세효가 외괘에 있고 괘와 혈이 동시에 공망이 되면,
  매장할 터가 없어 타향에 묻힌 것이다.

- 세효와 응효가 청룡 辰이나 백호 寅이 되면 흉하다.
  만일 흉살이 괘신을 극하면 악사(惡死)한다.

- 세효 및 일진 동효가 응효를 극하면,
  타인의 묘지(墓地)에 침입하여 혈(穴)을 쓴 것이다.

- 응효 및 일진이 혈(穴)을 극하면,
  타인이 자기 묘지(墓地)에 침입하여 매장한다.

- 청룡이 손이나 재에 놓여 생왕 유기하며 생합하면,
  묘(墓)가 아름답고 오래간다.

- 申酉의 관이 있을 때 초효에 丑이 있으면,
  집 근처에 상서로운 묘(墓)가 있다.

- 초효에 辰戌丑未가 있고 일진이나 월령의 충파를 만나면,
  가택 또는 산소에 탈이 있다.

			⇐ 산지박	건금(乾金)궁			
주작			財寅	I			
청룡			孫子	II	世	兄申	申월
현무			父戌	II	命		戊子일
백호			財卯	II			공망 午未
등사			官巳	II	應		
구진			父未	II	身		

분묘점

※ 분묘점에서는 세효가 혈(穴), 응효가 조산(朝山), 간효가 명당(明堂), 청룡이 좌(左), 백호가 우(右), 주작이 전(前), 현무가 후(後), 등사는 도로, 내괘는 주산(主山), 외괘는 조향(朝向)이다.

- 혈인 세효가 월일에서 생부되니 유기하다.
- 조산인 응효는 월일에서 휴수되고 있으면서 세효의 극을 받는다.
- 조산이 혈의 극을 받는다는 것은 조산이 높지 않다는 의미이다.
- 청룡 水가 일월의 생부를 받으니 혈의 근처에 물이 있을 것이다.
- 백호 木은 오른쪽은 생과 극을 받으니 오른쪽에 나무가 많다.
- 앞쪽인 주작은 역시 木으로 생과 극을 받으니 나무가 많다는 것을 알 수 있다.
- 현무는 戌土로 세효를 극하니 뒤쪽에서 혈을 극하고 있는 모습이다.
- 세효에 손이 임하고 청룡이 있으면서 월일의 생부를 받으니 후손이 번성할 것이다.

			곤위지 ⇐ 건위천		건금(乾金)궁		
현무	兄酉	‖	父戌	✗	世		
백호	孫亥	‖	兄申	✗	身		辰월
등사	父丑	‖	官午	✗			甲子일
구진	財卯	‖	父辰	✗	應		공망 戌亥
주작	官巳	‖	財寅	✗	命		
청룡	父未	‖	孫子	✗			

분묘점

- 묘지로 적합한가?

- 6개의 효가 모두 난동하니 좋을 리가 없다.

- 육충괘가 동하여 또다시 육충괘가 되었다.

- 상효에 있는 세효가 월파당하고 일에서 휴수되었다.

- 세효와 응효가 서로 충이 되었다.

- 묘지로 적합하지 않다.

			지풍승 ⇐ 손위풍		손목(巽木)궁		
주작	官酉	‖	兄卯	✗	世		
청룡	父亥	‖	孫巳	✗			卯월
현무		‖	財未	‖	身		戊子일
백호		❙	官酉	❙	應		공망 午未
등사		❙	父亥	❙			
구진		‖	財丑	‖	命		

분묘점

- 분묘점에서 세효가 혈이다.

- 상효에 있는 卯木은 회두충이 되어 반음이 되었다.

- 용신 卯木은 월에서 비화되고 일에서 생을 받고 있다.

- 5효도 동하여 회두충이 되어 반음이 되며 용신을 설기한다.

- 손과 형이 모두 회두충을 당해 반음이 되니 흉하다.

- 자식과 형제에게 좋지 않은 일이 있을 것이다.

시국점(時局占)

상효	하늘
5효	군왕, 대통령
4효	고위 관리
3효	일반 관리
2효	백성, 국민
초효	만물

○ 상효가 천문이니, 상효가 공망이 되면 년중 괴상한 일이 많이 일어난다.

○ 5효는 국가 원수이니, 재나 손이 5효에 있고 세효를 생하면 좋은 정치를 한다.

○ 4효는 장관이니, 손과 세신(世身)이 합을 하면 훌륭한 장관이다.

○ 3효는 관청과 관리가 되니, 세효와 생합하면 관리들이 백성을 사랑한다.

○ 2효는 백성이니, 손이 있으면 태평하지만, 관이 있으면 재난이 많다.

○ 초효는 만물이니, 손이나 재가 있거나 생을 받아 왕해지면 길하다.

○ 초효에 관이 있거나 사절(死絕)되면 흉하다.

- 세효는 땅이고 본국이니 공망이 되면 국민에게 좋지 않은 일이 많다.
- 응효는 하늘이며 타국이니 응효가 세효를 극하면 천심이 불안하다.

- 태세의 관이 동하면 재앙이 많고 우레도 많다.
- 태세는 일년의 주성(主星)이니 손과 재를 만나면 길하다.

- 괘와 년월일에 관이 없고 세효가 쇠절(衰絕)되지 않으면 길하다.
- 형이 동하면 연중 바람이 불고, 형이 세효를 극하면 바람으로 피해가 있다.

- 태세의 재가 동하고 부가 쇠약할 경우 날씨가 몹시 가물다.
- 태세의 부가 동하고 손이 쇠약하면 장마와 홍수가 있다.

- 화관(火官)이 내괘에서 동하면 가까운 곳에서 화재가 난다.
- 수관(水官)이 외괘에서 동하면 먼 곳에서 수해(水害)가 난다.
- 수해나 화재가 있더라도 관이 세효를 극하지 않으면 나는 피해가 없다.

- 금관(金官)이 동하여 응효를 충극하고 5효와 생합하면 이쪽에서 공격을 한다.
- 타궁(他宮)이 5효나 세효를 극하면 외적(外敵)이 침범한다.

- 관이 동하면 불길한데 회두극이 되거나 일진과 월령이 관을 극제하면 무사하다.

- 백호 토관(土官)이 동하면 전염병이 돌고,

   세를 극하면 병(病)으로 죽는 사람이 많다.

- 태세의 재가 동하여 형으로 화(化)하고 관이 모두 동하면 사람이 굶어

   죽는다.

- 관이 세효를 극하고 현무가 동하면 도둑들이 많다.

- 손이 지세하면 풍년이 들고 안락하다.

- 재와 손이 모두 왕상하면 풍년이 들어 사회가 태평하다.

- 水가 공망이 되면 겨울에 따뜻하고,

   火가 절(絶)이 되면 여름에 서늘하다.

- 水火가 왕동(旺動)하여 세효를 극하면 겨울에는 몹시 춥고 여름에는

   몹시 덥다.

- 음양이 서로 합을 하면 비나 바람이 순하다.

- 재와 손이 동하지 않으면 풍년이 들고,

   관이나 형이 공망이 되면 나라와 백성이 편안하다.

- 본궁(本宮), 본괘가 국가이니 내괘가 왕성하면 국가가 강성하고,

   휴수되고 무기하면 나라가 쇠약하다.

• 간궁(艮宮)에서 등사가 동하면 산(山)이 무너지고,

  곤궁(坤宮)에서 등사가 동하면 지진이 나고,

  감괘(坎卦)에서 등사인 관이 부로 화(化)하면 수해가 있다.

	산지박 ←	산화비	간토(艮土)궁			
현무		I	官寅	I			
백호		II	財子	II			寅월
등사		II	兄戌	II	身 應		乙亥일
구진	官卯	II	財亥	✗		孫申	공망 申酉
주작		II	兄丑	II		父午	
청룡	兄未	II	官卯	✗	命 世		

• 세효는 땅으로 보고 응효는 하늘로 본다.

• 하늘이 땅을 극하면 괜찮지만 땅이 하늘을 극하면 좋지 않다.

• 초효 관귀가 동하여 응효를 극한다.

• 3효는 동하여 세효를 생한다.

• 월도 응효를 극하고 일은 세효를 생한다.

• 땅이 하늘을 극한다는 것은 하극상이다.

• 시국이 혼란할 것이다.

	천화동인 ←	천산둔	건금(乾金)궁			
청룡		I	父戌	I			
현무		I	兄申	I	應		辰월
백호		I	官午	I	命		丁亥일
등사		I	兄申	I			공망 午未
구진		II	官午	II	世	財寅	
주작	財卯	I	父辰	✗	身	孫子	

- 세효가 공망이면 땅이 텅 빈 것과 같으니 질서가 없다.

- 응효가 공망이면 하늘이 무심하다.

- 세효가 공망이니 사는 것이 허망하다.

- 일진까지 세효를 극하니 혼란이 가중된다.

- 국가에서 하는 일도 결과를 보지 못한다.

- 월은 응효를 생하니 천재지변은 없다.

		손위풍 ← 지택림		곤토(坤土)궁		
주작	官卯	I	孫酉	X		
청룡	父巳	I	財亥	X	應	寅월
현무		II	兄丑	II	身	戊申일
백호	孫酉	I	兄丑	X		공망 寅卯
등사		I	官卯	I	世	
구진	兄丑	II	父巳	X	命	

- 4개의 효가 동하여 난동하니 혼란스럽다.

- 초효와 3효 그리고 상효가 동하여 巳酉丑 금국을 이룬다.

- 강한 금기운이 세효를 극하니 나라가 혼란스러울 것이다.

- 巳酉丑 금국은 응효를 생하니 하늘은 맑고 푸르다.

- 세효는 공망이니 하는 일이 허사가 된다.

	천산둔 ← 화산려		이화(離火)궁				
현무		I	兄巳	I			
백호	財申	I	孫未	X	身		寅월
등사		I	財酉	I	應		乙巳일
구진		I	財申	I		官亥	공망 寅卯
주작		II	兄午	II	命		
청룡		II	孫辰	II	世	父卯	

- 5효가 동하여 응효를 생한다.
- 월일에서 응효는 휴수된다.
- 세효에 손이 있다는 것은 관귀를 물리친다는 의미이다.
- 관귀는 질병이나 재난 등을 의미한다.
- 손이 관을 극하니 길한 한 해가 된다.
- 월이 세효를 극하지만 寅木은 공망이다.
- 일진이 세효를 생하니 만사가 형통한 한 해가 될 것이다.

	수산건 ← 산화비		간토(艮土)궁				
등사	財子	II	官寅	X			
구진	兄戌	I	財子	X			寅월
주작		II	兄戌	II	身應		辛酉일
청룡		I	財亥	I		孫申	공망 子丑
현무		II	兄丑	II		父午	
백호	兄辰	II	官卯	X	命世		

- 3개의 효가 동하고 있다.
- 초효에서 관귀가 지세하며 동하고 있어 순탄하지 못하다.
- 세효는 월에서 비화되지만 일에서 충을 맞고 있다.

- 5효가 동하여 세효를 생하고, 상효도 회두생되니 관의 힘이 강해진다.
- 세효에 관이 강해져서 2효 백성들을 극하니 많은 곤란한 일들이 생길 것이다.

		지화명이 ⇐ 수화기제 감수(坎水)궁				
청룡		‖	兄子	‖	身 應	
현무	兄亥	‖	官戌	✗		巳월
백호		‖	父申	‖		丁未일
등사		l	兄亥	l	命 世	財午	공망 寅卯
구진		‖	官丑	‖		
주작		l	孫卯	l		

- 2효는 백성을 나타낸다.
- 2효에 손이 있으면 길하고, 관이 있으면 불길하다.
- 2효에 관이 있어 불길하다. 세효는 월에서 휴수되고 일에게 극을 당한다.
- 2효의 관은 일에게 충을 당하여 암동한다.
- 상효에 있는 응도 일에게 극을 당한다.
- 5효가 동하여 세효와 응효를 모두 극한다.
- 하늘과 땅에서 곤란한 일들이 많이 생길 것이다.

		지택림 ⇐ 지뢰복 곤토(坤土)궁				
등사		‖	孫酉	‖		
구진		‖	財亥	‖		寅월
주작		‖	兄丑	‖	命 應	辛酉일
청룡		‖	兄辰	‖		공망 子丑
현무	官卯	l	官寅	✗		父巳
백호		l	財子	l	身 世	

- 백성의 자리는 2효이다.
- 2효에서 관이 동하여 진신이 되면서 응효를 극한다.
- 세효는 월에서 휴수되고 일에서 생을 받는데 현재 공망이다.
- 공망은 하는 일이 공허하다.
- 응효는 월과 동효에게 극을 받는다.
- 하늘이 불순하다.
- 천재지변 등으로 사람 사는 일이 편하지 않을 것이다.

		뢰지예 ⇐ 뢰수해		진목(震木)궁		
등사		‖	財戌	‖		
구진		‖	官申	‖	身 應	寅월
주작		‖	孫午	‖		庚子일
청룡		‖	孫午	‖		공망 辰巳
현무	孫巳	‖	財辰	✗	命 世	
백호		‖	兄寅	‖	父子	

- 3효는 일반 관료들의 동태를 나타낸다.
- 3효에 손이 임하면 착하고 정직한 관료이다.
- 3효에 형이 있으면 재를 탐하는 관료이다.
- 3효에 관귀가 임하면 살벌한 관료로 본다.
- 3효가 세효를 생하면 국민을 위한 관료이다.
- 2효에 재가 회두생되며 지세하고 있으나 현재 공망이다.
- 정직하고 착하게 일하는 관료들이 부유한 정치를 하는 것이다.
- 월이 응효를 월파하고 있으나 세효와 응효와 일이 삼합을 이루어 바람직하다.

			뢰산소과 ⇐ 뢰지예		진목(震木)궁		
주작		‖	財戌	‖			
청룡		‖	官申	‖	命		寅월
현무		|	孫午	|	應		戊申일
백호	官申	|	兄卯	✗			공망 寅卯
등사		‖	孫巳	‖	身		
구진		‖	財未	‖	世	父子	

- 3효에 형이 동하여 회두극되고 있다.

- 관료들이 재를 탐하지만 현재 공망이고 회두극을 당해 그렇지 못하고
  있다.

- 출공하는 卯월이 되면 재를 탐하다가 관의 제재를 받을 것이다.

			지수사 ⇐ 뢰수해		진목(震木)궁		
현무		‖	財戌	‖			
백호		‖	官申	‖	身 應		申월
등사	財丑	‖	孫午	✗			乙酉일
구진		‖	孫午	‖			공망 午未
주작		|	財辰	|	命 世		
청룡		‖	兄寅	‖		父子	

- 4효는 고급 관료들이다.

- 4효에 손이 있고 생세하면 훌륭한 고급 관료들이다.

- 그러나 午火는 현재 공망이고 변효에 재가 있다.

- 청렴한 관료가 재를 추구한다고 볼 수 있다.

- 4효 午火는 월일에서 휴수되고 있다.

- 손의 원신인 초효의 寅木은 월파, 일파를 당하고 있다.

- 고급 관료인 午火는 공망, 휴수 등으로 무력하다.
- 午火는 도화살인데, 乙酉일을 기준으로 보면 된다.
- 만일 4효에 형이 강하다면 탐관오리일 수 있다.

		지택림 ⇐ 뢰수해		진목(震木)궁		
구진		‖	財戌	‖		
주작		‖	官申	‖	身 應	申월
청룡	財丑	‖	孫午	✗		己巳일
현무		‖	孫午	‖		공망 戌亥
백호		‖	財辰	‖	命 世	
등사	孫巳	‖	兄寅	✗	父子	

- 4효는 고위 관료를 나타낸다.
- 4효는 월에서 휴수되고 일과 비화된다.
- 4효 손이 동하여 재를 화출한다.
- 원신인 초효도 동하여 용신을 생하니 청렴한 공무원이다.
- 己巳일에 午火는 도화에 해당하니 도화기가 있는 사람이다.
- 4효 午火가 세효를 생하니 나에게 도움이 되는 사람이다.

		산천대축 ⇐ 화천대유		건금(乾金)궁		
백호		‖	官巳	‖	應	
등사		‖	父未	‖	身	寅월
구진	父戌	‖	兄酉	✗		癸酉일
주작		‖	父辰	‖	世	공망 戌亥
청룡		‖	財寅	‖	命	
현무		‖	孫子	‖		

- 4효는 고위 관리 등 높은 직급에 있는 조직원이다.
- 4효는 월과 寅酉 원진 관계이고 일과는 비화되고 있다.
- 4효는 동하여 회두생되니 힘이 있다.
- 효에 형이 있으면 재를 극하거나 탐한다.
- 변효인 戌土는 현재 공망이라 힘이 없다.

			← 풍뢰익		손목(巽木)궁			
현무			兄卯	I		應		
백호			孫巳	I		身		寅월
등사			財未	II				乙亥일
구진			財辰	II		世	官酉	공망 申酉
주작			兄寅	II		命		
청룡			父子	I				

- 5효는 대표, 사장, 군왕으로 즉 조직에서 가장 높은 위치에 있는 사람 이다.
- 5효에 손이 있고 세효를 생하면 아랫사람을 사랑하는 대표이다.
- 5효에 관이 있고 세효를 극하면 아랫사람을 괴롭히는 사람이다,
- 5효에 손이 있고 일에서 충을 받아 암동한다.
- 5효의 손은 월의 생을 받고 세효를 생한다.
- 아랫사람을 생하는 좋은 사람이다.
- 5효에 있는 높은 사람은 乙亥일에서 역마를 띠니 돌아다니기를 좋아 한다.

		지화명이 ⟸	수화기제	감수(坎水)궁			
현무		‖	兄子	‖	身應		
백호	兄亥	‖	官戌	✗			寅월
등사		‖	父申	‖			甲戌일
구진		｜	兄亥	｜	命世	財午	공망 申酉
주작		‖	官丑	‖			
청룡		｜	孫卯	｜			

- 5효에 관귀가 임하고 동하여 세효를 극한다.

- 백성을 괴롭히는 군왕이다.

- 사원을 괴롭히는 사장이다.

		천화동인 ⟸	건위천	건금(乾金)궁			
주작		｜	父戌	｜	世		
청룡		｜	兄申	｜	身		寅월
현무		｜	官午	｜			戊辰일
백호		｜	父辰	｜	應		공망 戌亥
등사	父丑	‖	財寅	✗	命		
구진		｜	孫子	｜			

- 상효는 군주 위의 하늘을 나타낸다.

- 상효 戌은 현재 공망이다.

- 상효가 공망이면 기상 이변 등 이상한 일이 많다.

- 세효는 땅이고 응효는 하늘이다.

- 세효와 응효가 공망이면 사람에게도 이상한 일이 많이 생긴다.

- 2효가 동하여 상효를 극하고 일에서 다시 상효를 충한다.

- 하늘이 공망 등 극충을 당하니 재앙이 많을 것이다.

	풍택중부 ⇐ 손위풍		손목(巽木)궁			
현무		I	兄卯	I	世	
백호		I	孫巳	I		丑월
등사		II	財未	II	身	乙巳일
구진	財丑	II	官酉	✗	應	공망 寅卯
주작		I	父亥	I		
청룡	孫巳	I	財丑	✗	命	

- 세효는 상효에 있다.
- 초효가 동하여 회두생되어 힘이 있다.
- 초효는 월에서 비화되고 일에서 생을 받으니 힘이 막강하다.
- 2효 백성효는 일에게 충되어 암동한다.
- 3효는 월일과 동효와 함께 巳酉丑 금국을 이룬다.
- 금국이 세효를 극하니 여러 가지 사건이 많이 발생할 것이다.
- 세효는 땅을 나타낸다.

	풍택중부 ⇐ 손위풍		손목(巽木)궁			
구진		I	兄卯	I	世	
주작		I	孫巳	I		辰월
청룡		II	財未	II	身	己巳일
현무	財丑	II	官酉	✗	應	공망 戌亥
백호		I	父亥	I		
등사	孫巳	I	財丑	✗	命	

- 세효는 땅이고 응효는 하늘이다.
- 상효가 하늘을 나타내기도 한다.
- 세효가 상효에 있으니 하늘과 땅이 일치가 되었다.

● 초효가 동하여 회두생되어 힘이 있다.

● 2효 백성효는 일에서 충을 받아 암동하지만 현재 공망이다.

● 공망에서 출공하는 巳월이 되면 백성에게 큰 일이 있을 것이다.

● 3효도 동하여 회두생되어 힘이 있는데 상효에 있는 세효를 극한다.

● 하늘과 땅이 극을 당하니 많은 파란이 예상된다.

		뢰풍항	⇐	뢰천대장		곤토(坤土)궁		
등사		‖		兄戌	‖			
구진		‖		孫申	‖			寅월
주작		‖		父午	‖	命世		辛巳일
청룡		‖		兄辰	‖			공망 申酉
현무		‖		官寅	‖			
백호	兄丑	‖		財子	✗	身應		

● 초효가 동하여 변효와 子·丑합이 된다.

● 합은 묶여서 제 역할을 못한다는 의미로 통변한다.

● 초효는 동하여 세효를 충한다.

● 응효가 세효를 충하니 하늘이 땅을 충하는 것과 같다.

● 4효 세효는 월에서 생을 받고 일과 비화되고 있다.

● 부가 지세하면 손을 극하니 답답하다.

● 일년 시국점은 알고 싶은 사항의 효나 육친을 설명하면 된다.

	택화혁	⇐	풍화가인	손목(巽木)궁			
백호	財未	Ⅱ	兄卯	✗			
등사		Ⅰ	孫巳	Ⅰ	命 應		寅월
구진	父亥	Ⅰ	財未	✗			癸亥일
주작		Ⅰ	父亥	Ⅰ		官酉	공망 子丑
청룡		Ⅱ	財丑	Ⅱ	身 世		
현무		Ⅰ	兄卯	Ⅰ			

● 4효가 동하여 세효와 충이다.

● 丑과 未를 같은 土로 보면 안 된다.

● 상효도 동하여 亥卯未 삼합을 이룬다.

● 삼합이 되면 木형이 강해지니 재를 극한다.

● 재는 세효에 있어 땅과 백성이 흔들거린다.

● 2효 세효는 월에게도 극을 당하고 있다.

	지화명이	⇐	수화기제	감수(坎水)궁			
현무		Ⅱ	兄子	Ⅱ	身 應		
백호	兄亥	Ⅱ	官戌	✗			寅월
등사		Ⅱ	父申	Ⅱ			乙未일
구진		Ⅰ	兄亥	Ⅰ	命 世	財午	공망 辰巳
주작		Ⅱ	官丑	Ⅱ			
청룡		Ⅰ	孫卯	Ⅰ			

● 세효는 3효에 형과 함께 있다.

● 형이 세효에 있으면 재를 극하니 재와 인연이 적다.

● 5효 관귀 백호가 동하여 세효를 극하니 세효는 더욱 힘들다.

● 세효는 월에서 휴수되고 일에서 극을 당한다.

•세효가 땅을 의미하니 그 해에 전염병이 유행했다.

	산수몽 ⇐	풍수환		이화(離火)궁		
청룡		I	父卯	I	身		
현무	官子	II	兄巳	✗	世		寅월
백호		II	孫未	II		財酉	丙子일
등사		II	兄午	II	命	官亥	공망 申酉
구진		I	孫辰	I	應		
주작		II	父寅	II			

•5효에 있는 세효가 동해 회두극된다.

•세효는 월에서 생을 받고 일에게 극을 당한다.

•5효에 현무에 변효가 관귀이니 그 해 도둑들이 많았다.

•현무는 밤에 남몰래 하는 일을 의미한다.

	수택절 ⇐	산택손		간토(艮土)궁		
청룡	財子	II	官寅	✗	應		
현무	兄戌	I	財子	✗	命		寅월
백호		II	兄戌	II			丁卯일
등사		II	兄丑	II	世	孫申	공망 戌亥
구진		I	官卯	I	身		
주작		I	父巳	I			

•간궁은 산을 나타낸다.

•간궁에 있는 등사가 관귀를 대동하고 세효를 극하면 땅이 흔들린다.

•산이 무너지거나 지진이 날 수 있다.

•5효가 동하여 회두극되고 있다.

- 상효도 동하여 회두생되니 힘이 있다.

- 상효는 월일에서도 비화되니 그 힘이 대단하다.

- 상효가 동하여 세효를 극하니 산이 무너졌다.

		진위뢰 ⇐ 수뢰둔		감수(坎水)궁			
백호		‖	兄子	‖	命		
등사	父申	‖	官戌	✗	應		申월
구진	財午	│	父申	✗			癸酉일
주작		‖	官辰	‖	身	財午	공망 戌亥
청룡		‖	孫寅	‖	世		
현무		│	兄子	│			

- 4효가 동하여 회두극되니 힘이 없다.

- 그러나 4효는 월일에서 비화되어 2효에 있는 세효를 극한다.

- 세효는 월일에서도 충이나 극을 당한다.

- 강원도에 수재가 있었는데 동쪽인 이유는 寅木이 동쪽이기 때문이다.

- 재와 손이 왕하면 먹을 것이 많아 태평하다.

- 연월일에서 생을 받은 관귀가 세효를 극하면 좋지 않은 일이 생긴다.

- 형이나 관이 공망이면 오히려 좋다.

천시점(天時占)·천기점(天氣占)

● 천기점에서 세효는 땅이고 응효는 하늘이다.

● 천기점에서 木은 바람, 火는 번개, 金은 천둥, 水는 물이고,
土는 辰水, 戌火, 丑金, 未木으로 본다.

● 천기는 동효를 용신으로 하지만
동효가 없으면 공파충합(空破沖合)된 것을 용(用)한다.

● 형은 풍운지신(風雲之神)으로 바람과 구름이고,
손은 일월인데, 양효면 해로 보고 음효면 달로 본다.
재는 청명지신(清明之神)으로 부를 극하고 관의 원신이다.
관효는 운무지신(雲霧之神)으로 구름, 안개, 서리, 혹한, 혹서, 바람,
천둥, 번개를 나타낸다.
부효는 우설지신(雨雪之神)으로 비, 눈, 서리를 나타낸다.

- 손이 재에 은복되어 무기하면 곧 비가 온다.
- 손이 동하고 일진이나 월령의 생부를 만나면 날씨가 청명하다.

- 부가 월령과 같으면 장마가 오래간다.
- 부가 쇠하고 관이 왕하면 가랑비가 내리거나 강우량이 매우 적다.

- 동효의 왕쇠에 의하여 기상의 변화를 살핀다.
- 형이 동하여 손으로 변하면 청명하다.
- 부가 동하여 손으로 변하면 비온 뒤에 맑아진다.

- 부가 동하여 형으로 변하면 비바람이 심하다.
- 재가 동하여 관으로 변하면 맑은 후에 일기가 고르지 못하다.

- 일진 재가 응효에 놓여 공망이 되면 출공 후 맑게 갠다.
- 세효와 응효가 일월이나 동효의 극을 받으면 날씨가 수시로 변한다.

- 부가 일진, 동효와 함께 삼합을 이루면 비가 온다.
- 재가 일진, 동효와 함께 삼합을 이루면 비가 오지 않는다.

- 용신이나 동효가 진신이나 회두생이 되면 기세가 더욱 강화된다.
- 용신이나 동효가 퇴신이나 회두극이 되면 기세가 약화된다.

- 부가 동하여 변효와 합이 되면 합이 풀릴 때 비가 온다.
- 부가 동하고 일진과 합이 되면 부를 충할 때 비가 온다.

- 손이 왕하면 청명하고, 손이 공망 또는 은복되면 흐리다.

- 관이 부로 화(化)하면 천둥 번개 뒤에 비가 온다.
- 부가 화(化)하여 손이 되면 비가 그친 뒤 무지개가 뜬다.

- 응효는 만물의 체이니, 응효가 일진이나 월령 동효의 충극을 받으면 태풍, 해일, 산사태, 수재, 화재, 질병, 전쟁 등이 있다.

- 반음괘는 기상이 변덕스럽고, 복음괘는 변함없이 늘 그대로이다.
- 부와 관이 다투어 동하고 중첩되면 연일 비가 온다.

- 부와 재가 같이 동했을 때 재가 극을 당하면 당분간 장마가 지고, 부가 극을 당하면 당분간 가뭄이 지속된다.

- 부가 공망이고 관이 동하면 비는 안 오고 구름만 잔뜩 낀다.
- 합이 된 부를 관이 충하면 천둥 후에 비가 온다.

- 관이 동하면 우레나 번개가 치고 안개가 있다.
- 부와 재가 동하여 힘겨루기를 하면 비가 오락가락한다.

- 부와 재가 모두 동하면 비가 왔다가 그쳤다가 한다.
- 재와 관이 모두 동하면 개었다 흐렸다 한다.
- 부가 공망이 되거나 은복되면 비가 안 오지만 출공 일에 비가 온다.

- 부가 정하고 유기할 때 공파충합(空破沖合)되면 비가 온다.

- 부가 쇠하고 관이 왕하면 비는 적고 구름만 낀다.
- 부가 안정되고 관이 동하면 구름만 끼고 비는 오지 않는다.

- 상효는 천문이니 상효가 동하면 즉시 비가 온다.
- 삼합 재국(財局)을 이루면 짙은 안개가 낀 후 맑아진다.

- 부가 명동(明動)하거나 암동하거나, 변효가 부가 되면 비가 온다.
- 재가 동하면 맑은 날씨이고, 재가 동하고 일진이 생하면 땡볕이다.

- 재와 손이 동하고 부가 정하면 청명하다.
- 재와 손이 정하고 부가 동하면 당일 비가 온다.

- 손이 동하면 청명하고, 손이 쇠약하면 구름이나 안개가 있다.
- 재가 동하고 손이 일진이나 월령의 극을 받으면 때때로 구름이나 안개가 낀다.

- 부가 공망이 되거나 은복되면 비는 안 온다.
- 부가 공망이 되거나 은복되면 공망에서 벗어나거나 복신이 출현해야 비가 온다.

- 부가 일진의 묘(墓)이거나 부가 동하여 묘(墓)로 변하면, 묘(墓)를 충개할 때 비가 온다.

- 관이 같이 동하고 재가 무기하면,
  천둥과 비바람을 동반한 기상 악화가 일어난다.

- 세효는 땅이니 세효가 극을 받으면 하늘의 변화가 심하다.
- 상효는 천문이니 상효가 동하면 천문이 열려 곧 비가 온다.

- 부가 정(靜)한데 공망이나 합이 되면 충이 될 때 비가 온다.
- 부가 정(靜)한데 월파나 충이 되었을 때는 합이 될 때 비가 온다.

- 재관이 같이 동하면 개었다 흐렸다 하고,
  재가 동하여 관으로 변하면 맑고 흐림을 단정하기 어렵다.

- 부가 동하여 충이 되었을 때는 합이 될 때 비가 온다.
- 부가 동하여 생을 받아 왕해지면 비가 바로 온다.

- 응효에 있는 부가 일진과 같고 공망이 되면 출공일에 비가 온다.

- 일진은 하루의 날씨를 주관한다.
  그러므로 부가 동해도 일진의 극을 받으면 비가 오지 않는다.

- 부가 휴수되거나 무기하고 관이 왕하면 가랑비 정도이다.
- 부가 월령과 같으면 큰 비가 오랫동안 내린다.

- 관이나 부가 무기하고 재가 동하거나 왕하면 비가 안 오고 가물다.
- 손이나 재가 무기하고 왕한 부가 동하면 장마가 진다.
- 삼합 재국(財局)이나 삼합 손국(孫局)을 이루면 흐린 날이 점차 맑아
  진다.
- 삼합 부국(父局)이나 삼합 관국(官局)을 이루면 검은 안개가 끼고 천둥
  번개가 친다.

- 부와 형이 같이 동하거나, 부가 형으로 화(化)하면 비바람이 친다.
- 부와 관이 왕동(旺動)하면 당일에 비가 온다.

- 부가 동하고 일진이 생하면 큰 비가 온다.
- 부가 동하지만 일진이 극하면 비가 안 온다.

- 형이 화(化)하여 손으로 되면 구름이 걷히고 해가 나고,
  형이 화(化)하여 부가 되면 비바람이 분 뒤 비가 온다.

- 재가 동하여 관으로 변하면 지금은 맑지만 오래가지 못한다.
- 재와 손이 많으면 연일 날씨가 청명하다.
- 손이 동하면 청명하여 해와 달이 잘 보인다.

- 재와 손이 같이 동하면 청명하지만,
  손이 동하지 않으면 청명한 가운데 구름이 있다.

- 재가 동하고 손이 왕해야 오래도록 맑다.

- 재가 합이 되었을 때 형이 재를 극하면 바람이 불거나 비가 온다.
- 재가 동했을 때 비가 오면 재가 절(絶)이나 입묘하는 날에 비가 그친다.
- 재가 동하여 부를 극하면 비는 안 온다.

- 관이나 형이 독발(獨發)하면 구름과 안개가 끼거나 바람이 분다.
- 부가 공망이고 재가 은복하면 일진이 재를 생조할 때 날씨가 맑아진다.

- 부가 공망이고 재가 은복하면 일진이 부를 생조하고 출공할 때 비가 온다. 그러나 부가 쇠약하면 출공을 해도 비가 오지 않는다.

- 부가 재와 같이 동하면 부가 왕할 때 비가 오고 재가 왕할 때 날이 갠다.

- 손이 일진이나 월령의 도움으로 왕하면 맑은 날이고,
  손이 은복 또는 묘절이 되면 흐린 날이다.

- 형과 손이 모두 동하면 순풍이 불고, 형과 관이 같이 동하면 역풍이 분다.
- 부가 왕동(旺動)하면 비바람과 함께 큰 비가 온다.

		수천수 ⇐ 건위천		건금(乾金)궁		
청룡	孫子	‖	父戌	✗	世	
현무		l	兄申	l	身	巳월
백호	兄申	‖	官午	✗		丙寅일
등사		l	父辰	l	應	공망 戊亥
구진		l	財寅	l	命	
주작		l	孫子	l		

언제 비가 오나?

- 부가 우설지신(雨雪之神)이니 용신은 상효에서 동한 戌土가 용신이다.
- 戌土는 월에서 생을 받고 일에게 극을 당한다.
- 용신 戌土는 현재 공망이다.
- 4효 午火가 동하여 용신을 생하고 있다.
- 일진과 4효와 상효가 동하여 寅午戌 삼합을 형성한다.
- 삼합이 되면 용신이 왕해지니 戌이 출공하는 辰이나 戌일에 비가 올 것이다.

		⇐ 풍지관	건금(乾金)궁			
주작		財卯	l			
청룡		官巳	l	命	兄申	未월
현무		父未	‖	世		戊戌일
백호		財卯	‖			공망 辰巳
등사		官巳	‖	身		
구진		父未	‖	應	孫子	

천시점

- 비가 언제 오나?

- 비는 부가 용신이니 未土가 용신이다.

- 용신 未土는 월과 일에서 비화되니 비가 올 것이다.

- 원신이 현재 휴수되고 공망되어 많은 비는 아니다.

- 亥일이 되자 공망이던 원신 巳火가 출공되어 큰 비가 내렸다.

		지수사 ⇐	지풍승	진목(震木)궁		
청룡		‖	官酉	‖		
현무		‖	父亥	‖	命	酉월
백호		‖	財丑	‖	世	孫午	丙寅일
등사	孫午	‖	官酉	✗		공망 戌亥
구진		l	父亥	l	身	兄寅
주작		‖	財丑	‖	應	

천시점

- 언제 비가 올까?

- 눈과 비는 부가 용신이니 亥水가 용신이다.

- 용신은 현재 공망이다.

- 亥水는 월에서 생을 받고 일과 합이 된다.

- 3효에서 동한 酉金이 회두극이 되면서 용신을 생한다.

- 현재 회두극 상태이니 변효가 약해지는 亥일이나 子일에 비가 내릴 것이다.

- 용신이 공망인 상태에서 많은 비를 기대하기는 힘들다.

	천화동인	⇐	택화혁		감수(坎水)궁		
백호	官戌		官未	✗	身		
등사			父酉				午월
구진			兄亥		世		壬辰일
주작			兄亥		命	財午	공망 午未
청룡		‖	官丑	‖			
현무			孫卯		應		

언제 비가 그칠까?

- 맑음은 청명지신(晴明之神)인 재가 용신이다.
- 용신은 3효 아래 복신으로 있는 午火이다.
- 午火는 월과 비화되고 일에서 휴수되고 있다.
- 상효가 동하여 진신이 되면서 용신을 설기한다.
- 현재 용신인 午火와 상효의 未土가 공망이다.
- 午火가 출공한다고 해도 관을 생하니 출공되는 午일 잠시 맑았다가 다시 흐려질 것이다.
- 현재 공망이 된 관은 구름과 안개를 담당하는 운무지신(雲霧之神)이다.

	택천쾌	⇐	수화기제		감수(坎水)궁		
백호		‖	兄子	‖	身 應		
등사			官戌				申월
구진	兄亥		父申	✗			癸亥일
주작			兄亥		命 世	財午	공망 子丑
청룡	孫寅		官丑	✗			
현무			財卯				

천시점

- 언제 비가 오나?
- 비는 우설지신(雨雪之神)인 부가 용신이다.
- 4효에서 동한 부가 회두생되고 있어 비가 올 것 같다.
- 용신 申金은 월에서 비화되고 일에서 휴수된다.
- 일에서 휴수되니 오늘은 비가 오지 않을 것 같다.
- 2효가 동하여 회두생되며 용신을 돕는다.
- 현재 丑土가 공망이니 출공하는 丑시나 未시에 비가 올 것이다.
- 늦어도 丑일에는 비가 온다.

			뢰풍항 ⇐ 뢰택귀매		태금(兌金)궁		
현무		‖	父戌	‖	應		
백호		‖	兄申	‖	命		未월
등사		Ⅰ	官午	Ⅰ		孫亥	乙酉일
구진	兄酉	Ⅰ	父丑	⚊	世		공망 午未
주작		Ⅰ	財卯	Ⅰ	身		
청룡	父丑	‖	官巳	⚊			

언제 비가 그칠까?

- 부가 우설지신(雨雪之神)이니 3효의 丑土가 용신이다.
- 용신 丑土는 월에서 충을 맞고 일에서 휴수된다.
- 초효가 동하여 일진과 巳酉丑 삼합이 된다.
- 巳酉丑 삼합이 되면 형효가 왕해지니 비바람이 강하게 불 것이다.
- 형은 풍운지신(風雲之神)이기 때문이다.
- 손효나 재가 와야 맑아지니 亥子일에 비가 그치겠다.

	산천대축 ⇐	지화명이		감수(坎水)궁		
등사	孫寅	I	父酉	✗		
구진		II	兄亥	II	命		丑월
주작		II	官丑	II	世		庚申일
청룡		I	兄亥	I		財午	공망 子丑
현무	孫寅	I	官丑	✗	身	
백호		I	孫卯	I	應	

언제 비가 올까?

- 비를 나타내는 우설지신(雨雪之神)은 부가 용신이다.

- 상효에 있는 酉金은 월에서 생을 받고 있다.

- 용신 酉金은 일에서도 비화되고 있다.

- 현재 丑土가 공망이어서 출공하는 丑일에 비가 올 것이다.

	택천쾌 ⇐	천산둔		건금(乾金)궁		
청룡	兄未	II	父戌	✗		
현무		I	兄申	I	應		丑월
백호		I	官午	I	命		丁亥일
등사		I	兄申	I			공망 午未
구진	官寅	I	官午	✗	世	財寅
주작		I	父辰	II	身	孫子

날씨가 개일 것인가?

- 2효의 관이 동하여 회두극을 당했다.

- 손이 관을 극하면 날씨는 개일 것이다.

- 동효는 월에서 휴수되고 일에서 극을 당하며 현재 공망이다.

- 관은 천둥, 벼락, 안개이니 관이 무력해지는 시기에 날씨가 좋아질 것

이다.

- 초효에서 복신으로 있는 손이 힘을 받는 申시부터 개일 것이다.

		뢰풍항 ⇐	지풍승	진목(震木)궁			
구진		‖	官酉	‖			
주작		‖	父亥	‖	命		巳월
청룡	孫午	l	財丑	⫽	世	孫午	己巳일
현무		l	官酉	l			공망 戌亥
백호		l	父亥	l	身	兄寅	
등사		‖	財丑	‖	應		

천시점

- 비가 언제 올까?
- 우설지신은 부효이므로 亥水가 용신인데 현재 공망이다.
- 용신 亥水가 월일에서 충을 당하니 비가 올 확률은 없다.
- 4효가 동하여 회두생되면서 용신을 극하니 더욱 그렇다.
- 戌이 출공하면 火기운이 입묘되니 비올 가능성이 커지고, 申시 이후에는 용신을 생하므로 비가 올 것이다.

			⇐ 택수곤	태금(兌金)궁			
청룡			父未	‖	命		
현무			兄酉	l			巳월
백호			孫亥	l	應		丁丑일
등사			官午	‖	身		공망 申酉
구진			父辰	l			
주작			財寅	‖	世		

언제 맑아질까?

• 동효가 없을 때는 가장 왕한 기운을 찾는다.

• 巳월이니 관과 부가 왕하다.

• 관은 구름, 번개이고, 부는 비와 눈이니 맑은 날씨가 아니다.

• 언제 맑아질까?

• 재가 맑음을 나타내니 재가 왕해지는 寅일에 청명해질 것이다.

• 부가 공망에 들면 눈비가 멈추고, 관이 공망이면 구름이 사라진다.

			천택리 ⇐ 태위택	태금(兌金)궁		
현무	父戌	I	父未	Ⅺ	世	
백호		I	兄酉	I	命	巳월
등사		I	孫亥	I		乙未일
구진		II	父丑	II	應	공망 辰巳
주작		I	財卯	I	身	
청룡		I	官巳	I		

• 상효 부가 동하여 부가 되었다.

• 부효는 비와 눈이다.

• 월의 생을 받은 부가 왕하다.

• 부효는 비와 눈을 나타낸다.

• 巳월이니 비가 올 것이다.

	수화기제 ←		풍화가인		손목(巽木)궁		
주작	父子	‖	兄卯	✗			
청룡		┃	孫巳	┃	命 應		未월
현무		‖	財未	‖			戊寅일
백호		┃	父亥	┃		官酉	공망 申酉
등사		‖	財丑	‖	身 世		
구진		┃	兄卯	┃			

- 상효 형이 동했다

- 상효 卯木은 월을 극하고 일에서 비화된다.

- 회두생되니 형은 더욱 강해진다.

- 형은 바람과 구름이다.

- 매우 강한 바람이 불 것이다.

- 월이 세효를 월파하고 일도 극하니 나의 피해가 클 것이다.

	천택리 ←		태위택		태금(兌金)궁		
현무	父戌	┃	父未	✗	世		
백호		┃	兄酉	┃	命		卯월
등사		┃	孫亥	┃			甲寅일
구진		‖	父丑	‖	應		공망 子丑
주작		┃	財卯	┃	身		
청룡		┃	官巳	┃			

- 상효의 부가 발동해 다시 부가 되었다.

- 상효는 월일에서 극을 당하고 있다.

- 부효는 비와 눈이다.

- 卯월이니 봄비가 될 것이다.

• 비가 올 듯해도 비는 오지 않을 것이다.

산지박	⇐		곤위지		곤토(坤土)궁	
등사	官寅	I	孫酉	X	世	
구진		II	財亥	II		未월
주작		II	兄丑	II	身	辛丑일
청룡		II	官卯	II	應	공망 辰巳
현무		II	父巳	II		
백호		II	兄未	II	命	

• 상효 손이 동해 변효를 극한다.

• 동효는 월에서 생을 받고 있지만 일진 丑에서는 입묘된다.

• 손은 해와 달 그리고 별을 의미한다.

• 태양이 입묘되니 흐리다.

• 밤에는 달과 별이 보이지 않는다.

• 초효 未土는 일에게 충을 당한다.

• 형은 바람이나 구름이니 그날은 흐리고 바람이 불 것이다.

풍뢰익	⇐		수뢰둔		감수(坎水)궁		
청룡	孫卯	I	兄子	X	命		
현무		I	官戌	I	應		酉월
백호		II	父申	II			丁卯일
등사		II	官辰	II	身	財午	공망 戌亥
구진		II	孫寅	II	世		
주작		I	兄子	I			

• 상효 형이 동하여 힘이 설기된다.

- 상효 子水는 월에서 생을 받고 일에 子卯형이 된다.

- 형은 바람과 구름이다.

- 바람이 부는데 강한 바람은 아니다.

		지풍승 ⇐ 산풍고		손목(巽木)궁			
등사	官酉	‖	兄寅	✗	應		
구진		‖	父子	‖		孫巳	亥월
주작		‖	財戌	‖	身		辛未일
청룡		Ⅰ	官酉	Ⅰ	世		공망 戌亥
현무		Ⅰ	父亥	Ⅰ			
백호		‖	財丑	‖	命		

- 상효 형이 동해서 관으로 변했다.

- 동효는 월에 생합되고 일을 극한다.

- 형은 바람이고 관은 번개이니 바람이 불다가 번개로 변한다.

- 회두극으로 번개가 바람을 누르는 것이다.

- 동효가 세효에게 극을 당하니 나는 피해가 없다.

		수풍정 ⇐ 손위풍		손목(巽木)궁		
현무	父子	‖	兄卯	✗	世	
백호		Ⅰ	孫巳	Ⅰ		亥월
등사		‖	財未	‖	身	乙亥일
구진		Ⅰ	官酉	Ⅰ	應	공망 申酉
주작		Ⅰ	父亥	Ⅰ		
청룡		‖	財丑	‖	命	

- 상효의 형이 동해 부가 되었다.

- 형은 바람이고, 부는 비나 눈이다.
- 해월이니 바람이 불다가 눈이 올 수 있다.
- 동효는 월일에서 생을 받으니 바람은 거세다.

		건위천 ⇐ 천풍구		건금(乾金)궁		
청룡		I	父戌	I		
현무		I	兄申	I	命	申월
백호		I	官午	I	應	丁卯일
등사		I	兄酉	I		공망 戌亥
구진		I	孫亥	I	身	財寅
주작	孫子	I	父丑	✗	世	

- 초효 부가 동해 손효로 변했다.
- 비가 오다가 맑아진다.
- 동효는 월일에서 휴수되니 더욱 그렇다.
- 변효 子水는 월의 생을 받아 화창해질 것이다.

		화택규 ⇐ 산택손		간토(艮土)궁		
청룡		I	官寅	I	應	
현무		II	財子	II	命	亥월
백호	孫酉	I	兄戌	✗		丙戌일
등사		II	兄丑	II	世	孫申 공망 午未
구진		I	官卯	I	身	
주작		I	父巳	I		

- 4효 형이 동하였다.
- 동효는 월에서 휴수되고 일에서 비화된다.
- 오늘만 강하게 부는 바람이다.

●손으로 변하니 바람이 불다가 맑아진다.

		택뢰수 ⇐	진위뢰		진목(震木)궁		
청룡		‖	財戌	‖	世		
현무	官酉	I	官申	⚊	身		辰월
백호		I	孫午	I			丁未일
등사		‖	財辰	‖	應		공망 寅卯
구진		‖	兄寅	‖	命		
주작		I	父子	I			

●5효 관이 동하여 관으로 변했다.

●관은 번개이다.

●동효는 월일에서 생을 받으니 구름이 끼고 번개가 친다.

●변효도 관이니 오래 계속될 것이다.

●형효 寅木은 동효에 충되고 공망이다.

●형은 바람이나 구름이니 바람과 구름은 기대하기 힘들다.

		지산겸 ⇐	화산려		이화(離火)궁		
현무	財酉	‖	兄巳	✗			
백호		‖	孫未	‖	身		辰월
등사	孫丑	‖	財酉	✗	應		乙巳일
구진		I	財申	I		官亥	공망 寅卯
주작		‖	兄午	‖	命		
청룡		‖	孫辰	‖	世	父卯	

●4효 재가 동하여 손이 되었다.

●상효 형이 동하여 재가 되었다.

●巳酉丑 금국이 된다.

- 일도 巳로 금국을 강화시킨다.
- 金은 재이고, 재는 맑음을 나타낸다.
- 삼합으로 지나치게 맑아 비가 안 오고 있다.

			화지진 ⇐ 리위화		이화(離火)궁		
백호		I	兄巳	I	身 世		
등사		II	孫未	II			卯월
구진		I	財酉	I			癸亥일
주작	父卯	II	官亥	✗	命 應		공망 子丑
청룡		II	孫丑	II			
현무	孫未	II	父卯	✗			

- 초효와 3효가 동했다.
- 초효 부는 손효로 변했고, 3효 관은 부로 변했다.
- 초효는 월에서, 3효는 일에서 각각 비화되고 있다.
- 亥卯未 삼합이 동하니 부가 강해져서 비나 눈이 온다.
- 卯월이니 눈은 아니고 비가 많이 올 수 있으니 대비해야 한다.

			택수곤 ⇐ 감위수		감수(坎水)궁		
청룡		II	兄子	II	世		
현무		I	官戌	I			申월
백호	兄亥	I	父申	✗	命		丁亥일
등사		II	財午	II	應		공망 午未
구진		I	官辰	I			
주작		II	孫寅	II	身		

- 3효 부가 동해 형효로 변했다.

- 부효는 월에서 비화되고 있다.

- 부효는 비이니 그 달에는 비가 많이 올 것이다.

- 변효가 형이니 바람도 함께 불겠다.

- 형은 바람이나 구름을 나타내기 때문이다.

			수화기제 ⇐ 택화혁		감수(坎水)궁		
구진		‖	官未	‖	身		
주작		∣	父酉	∣			未월
청룡	父申	‖	兄亥	✗	世		己亥일
현무		∣	兄亥	∣	命	財午	공망 辰巳
백호		‖	官丑	‖			
등사		∣	孫卯	∣	應		

- 4효 형이 동하여 부가 되었다.

- 형은 월에서 휴수되지만 일에서 비화되어 힘이 있다.

- 형이 지세하고 일에서 힘을 받으니 그 날은 바람이 분다.

- 변효가 부가 되니 바람 분 뒤 비가 올 것이다.

			천산둔 ⇐ 풍산점		간토(艮土)궁		
청룡		∣	官卯	∣	命 應		
현무		∣	父巳	∣		財子	未월
백호	父午	∣	兄未	✗			丁未일
등사		∣	孫申	∣	身 世		공망 寅卯
구진		‖	父午	‖			
주작		‖	兄辰	‖			

- 4효가 동하여 형이 부로 변했다.

- 동효가 월일에서 비화되니 바람이 엄청 세다.
- 바람이 분 후 변효가 부효이니 비도 오겠다.

			천택리 ⇐ 태위택		태금(兌金)궁	
주작	父戌	l	父未	⚊	世	
청룡		l	兄酉	l	命	未월
현무		l	孫亥	l		戌戌일
백호		ll	父丑	ll	應	공망 辰巳
등사		l	財卯	l	身	
구진		l	官巳	l		

- 상효 부가 동하여 부가 되었다.
- 동효는 월과 비화되니 그 달에는 비가 많이 온다.
- 부효와 반대편에 있는 재나 손의 시기가 오면 비가 그칠 것이다.
- 월에서 전체적인 큰 흐름을 보고 일에서 그날의 상황을 판단한다.
- 장마 기간이라도 비가 왔다 안 왔다 하는 것을 파악할 수 있다.

			산뢰이 ⇐ 지뢰복		곤토(坤土)궁		
현무	官寅	l	孫酉	⚊			
백호		ll	財亥	ll			未월
등사		ll	兄丑	ll	命 應		甲子일
구진		ll	兄辰	ll			공망 戌亥
주작		ll	官寅	ll		父巳	
청룡		l	財子	l	身 世		

- 상효가 동하여 손이 관으로 변했다.
- 동효는 월에서 생을 받아 강하다.
- 손은 해와 달과 별이고, 관은 우레와 번개이다.

- 해나 달이 뜨면서 천둥 번개가 친다.
- 비는 안 오고 번개가 치니 마른번개일 수 있다.

	뢰풍항 ⇐ 손위풍			손목(巽木)궁		
백호	財戌	‖	兄卯	✗	世	
등사	官申	‖	孫巳	✗		申월
구진	孫午	l	財未	✗	身	癸卯일
주작		l	官酉	l	應	공망 辰巳
청룡		l	父亥	l		
현무		‖	財丑	‖	命	

- 상괘 4효, 5효, 상효가 모두 동했다.
- 형과 손과 재가 동하니 맑은 하늘에 바람이 부는 것이다.
- 동하여 변효가 재와 관과 손이 되니 맑은 하늘에 바람이 불면서 우레도 친다.
- 손은 현재 공망이니 해와 달이 잘 안 보인다.
- 재는 회두생되니 맑은 하늘이다.
- 맑은 하늘에 해나 달이 안 보이니 월식이나 일식일 수 있다.

	풍뢰익 ⇐ 화뢰서합			손목(巽木)궁		
백호		l	孫巳	l		
등사	孫巳	l	財未	✗	命世	午월
구진	財未	‖	官酉	✗		壬寅일
주작		‖	財辰	‖		공망 辰巳
청룡		‖	兄寅	‖	身應	
현무		l	父子	l		

- 4효와 5효의 재와 관이 동하고 있다.
- 5효는 월과 생합이 되고 있고, 일에게 극을 당한다.
- 4효는 월에게 극을 당하고 일과 원진관계이며 변효에게 회두생이다.
- 재는 맑음이고 관은 천둥이나 안개이니, 맑은 하늘에 안개가 낄 것이다.
- 동효는 변하여 재와 손을 화출하고 있다.
- 안개 후 곧 다시 청명한 날이 된다.
- 안개는 관이 힘을 받는 시간, 즉 未시부터 酉시까지이다.

			수풍정 ⇐ 손위풍		손목(巽木)궁		
현무	父子	‖	兄卯	✕	世		
백호		┃	孫巳	┃			未월
등사		‖	財未	‖	身		乙卯일
구진		┃	官酉	┃	應		공망 子丑
주작		┃	父亥	┃			
청룡		‖	財丑	‖	命		

- 상효가 동하여 형효가 부로 변했다.
- 형은 일에서 비화되니 그 세력이 강하다.
- 형은 바람이니 바람이 강하게 불 것이다.
- 부효가 비이니 바람이 불면서 비가 올 것이다.

	택뢰수 ⇐		진위뢰		진목(震木)궁	
주작		‖	財戌	‖	世	
청룡	官酉	Ⅰ	官申	Ⅹ	身	未월
현무		Ⅰ	孫午	Ⅰ		戊申일
백호		‖	財辰	‖	應	공망 寅卯
등사		‖	兄寅	‖	命	
구진		Ⅰ	父子	Ⅰ		

- 5효 관효가 동하여 다시 관이 되었다.

- 申金이 酉金으로 변하니 진신이다.

- 申은 월에서 생을 받고 일과 비화되니 무척 힘이 있다.

- 천둥 번개가 심할 것이다.

- 동효와 일이 택효를 충하니 집에 피해가 있을 수 있다.

- 寅은 현재 공망인데 寅일이 오면 타격을 받을 수 있다.

	수천수 ⇐		건위천		건금(乾金)궁	
청룡	孫子	‖	父戌	Ⅹ	世	
현무		Ⅰ	兄申	Ⅰ	身	巳월
백호	兄申	‖	官午	Ⅹ		丙寅일
등사		Ⅰ	父辰	Ⅰ	應	공망 戌亥
구진		Ⅰ	財寅	Ⅰ	命	
주작		Ⅰ	孫子	Ⅰ		

천시점

- 비가 언제 올까?

- 비는 부가 용신이니 상효에서 동한 戌土가 용신이다.

- 그러나 戌土는 현재 공망이다.

- 용신은 월에서 생을 받고 일에서 극을 당한 것 같지만 삼합이다.

- 寅午戌 삼합으로 용신이 강해지니 금일 비가 온다.

- 辰時가 되면 용신을 충하니 비가 시작된다.

		천화동인	⇐	택화혁		감수(坎水)궁		
백호	官戌	I		官未	✕	身		
등사		I		父酉	I			午월
구진		I		兄亥	I	世		壬辰일
주작		I		兄亥	I	命	財午	공망 午未
청룡		II		官丑	II			
현무		I		孫卯	I	應		

천시점

- 비가 개일까?

- 재가 청명하고 맑은 날씨를 의미하니 복신으로 있는 午火가 용신이다.

- 용신이 비효에 의해 극을 당하며 숨어 있다.

- 현재 관이 동하여 바람과 천둥이 치지만 공망이라 강하지는 않다.

- 午일이 되면 용신이 출공하지만 관효를 생하니 다시 천둥 번개가 친다.

- 午未합으로 일시적인 소강 상태는 있을 것이다.

		산천대축	⇐	지화명이		감수(坎水)궁		
등사	孫寅	I		父酉	✕			
구진		II		兄亥	II	命		丑월
주작		II		官丑	II	世		庚申일
청룡		I		兄亥	I		財午	공망 子丑
현무	孫寅	I		官丑	✕	身		
백호		I		孫卯	I	應		

비가 언제 올까?

- 비는 부가 용신이니 상효에서 동하고 있다.

- 용신은 월에서 입묘되지만 공망이고 일에서 생을 받으니 왕하다.

- 원신인 2효도 동하여 용신을 생하려 하지만 회두극되어 힘이 없고 공망이다.

- 丑土가 출공하는 丑일에 용신을 생하니 비가 오지만 입묘되니 곧 그친다.

- 丑이 아닌 未일 未시라면 비나 눈이 올 것이다.

			택화혁 ⇐ 천화동인		이화(離火)궁		
현무	孫未	‖	孫戌	✗	身 應		
백호		‖	財申	‖			午월
등사		‖	兄午	‖			甲申일
구진		‖	官亥	‖	命 世		공망 午未
주작		‖	孫丑	‖			
청룡		‖	父卯	‖			

날씨는?

- 상효 손이 동하여 퇴신이 되었다.

- 손은 맑음 청명을 뜻하니 흐린 날이 될 것이다.

- 동효가 월의 생을 받고 일에서 휴수되니 맑았다 흐렸다 한다.

- 비를 나타내는 부는 월일에서 휴수되니 비는 오지 않는다.

			택산함 ⇐ 천산둔		건금(乾金)궁		
등사	父未	‖	父戌	✗			
구진		❘	兄申	❘	應		巳월
주작		❘	官午	❘	命		辛卯일
청룡		❘	兄申	❘			공망 午未
현무		‖	官午	‖	世	財寅	
백호		‖	父辰	‖	身	孫子	

천시점

- 오늘 날씨는?

- 상효에 있는 부가 동했다.

- 부가 월에서 생을 받고 일과 합이 된다.

- 변효 未土는 현재 공망이다.

- 부효는 눈과 비인데 巳월이니 비가 오겠다.

- 未시나 戌시가 되면 비가 올 것이다.

포도점(捕盜占)

- 관귀가 도둑이고, 손이 경찰관이다.
- 관귀가 동하여 세효를 극하면 도둑을 당한다.

- 관귀가 일월이나 동효에 입묘되거나, 동하여 변효에 입묘되거나, 묘고(墓庫)에 은복되면 도둑이 숨어 있으니 잡기 어렵다.

- 동효가 화(化)해서 생긴 변효가 도둑이 있는 곳이다.
- 관귀가 없으면 비신 밑에 은복된 관을 찾아 그 비신을 보고 도둑의 소재를 파악한다.

- 형 밑에 관귀가 복(伏)하면, 내괘이면 도둑이 형제자매 집에 있고, 외괘이면 친구나 동료의 집에 숨어 있다.

- 손 밑에 관귀가 복(伏)하면, 내괘이면 도둑이 자녀 집에 있고, 외괘이면 의사나 승려집 또는 사찰에 숨어 있다.

- 재 밑에 관귀가 복(伏)하면, 내괘이면 도둑이 처첩 집에 있고,
  외괘이면 여자집이나 산파집에 숨어 있다.

- 부 밑에 관귀가 복(伏)하면, 내괘이면 도둑이 부모 집에 있고,
  외괘이면 친척, 스승 집에 숨어 있다.

- 관귀가 은복되면 도둑이 숨어 있는 것이다.
- 관귀가 쇠약하고 동하지 않거나, 일진에 충파 또는 극을 받으면 도둑을
  잡는다.

- 관귀가 동하면 도둑이 거처를 옮긴다.
- 도둑의 은신처는 관귀가 은복한 비신의 육친으로 본다.

- 관귀가 일진이나 동효의 묘(墓)에 들어 있으면 잡을 수 있다.
- 일진이 관과 합이 되면 도둑이 깊이 숨어 있는 상이니 일진이 충하는
  날 잡는다.

- 왕(旺)한 손이 동하여 관을 극하거나,
  손이 일월이나 세효에 놓여 왕상하면 도둑을 잡는다.

- 관귀가 괘 중에 있으면 도둑의 소재가 분명하여 잡기 쉽다.
- 관귀가 나타나지 않으면 도둑의 종적을 알 수 없으니 잡기 어렵다.

	수천수	⇐	화천대유		건금(乾金)궁	
주작	孫子	‖	官巳	✗	應	
청룡	父戌	Ⅰ	父未	✗	身	申월
현무	兄申	‖	兄酉	✗		戊寅일
백호		Ⅰ	父辰	Ⅰ	世	공망 申酉
등사		Ⅰ	財寅	Ⅰ	命	
구진		Ⅰ	孫子	Ⅰ		

도둑을 잡을 수 있나?

- 도둑은 관귀가 용신이다.

- 상효에서 동한 巳火가 용신인데 월일과 寅巳申 삼형이 되고 있다.

- 상효는 동하여 회두극이 되니 잡힐 것이다.

- 4효 酉金은 동하여 퇴신이 되며 현재 공망이다.

- 5효 未土가 동하여 용신을 휴수시키니 용신은 취약하다.

- 입묘에 있으면 숨어 있는 것이니 충으로 개고될 때 드러난다.

- 申이 출공되어 삼형이 될 때 잡힐 것이다.

	화뢰서합	⇐	천택리		간토(艮土)궁		
현무		Ⅰ	兄戌	Ⅰ	命		
백호	兄未	‖	孫申	✗	世	財子	酉월
등사		Ⅰ	父午	Ⅰ			甲辰일
구진		‖	兄丑	‖	身		공망 寅卯
주작	官寅	‖	官卯	✗	應		
청룡		Ⅰ	父巳	Ⅰ			

도둑을 잡을 수 있나?

- 도둑은 관귀가 용신이니 2효의 卯木이다.

- 용신이 동하여 퇴신이 되고 월에서 충을 맞고 있다.
- 일에서 용신은 휴수되고 있고 현재 공망이다.
- 5효가 동하여 회두생되며 용신을 극하고 있다.
- 공망이 된 용신 卯木이 출공되는 酉일에 도둑이 잡혔다.
- 도둑당한 물건은 재로 세효 밑에 은복되어 있다.
- 세효도 동하여 회두생되고 복신 재도 월의 생을 받으니 물건을 그대로 찾았다.

피신점(避身占)·피난점(避難占)

- 본인점에서는 관은 재앙으로 보고, 손은 길로 본다.

- 손이 세신(世身)에 놓여 왕상하거나, 동하여 세효가 놓인 신(身)을 생하고 관을 극제하면 어디에 있으나 무사하다.

- 관이 동하여 세효를 극할 때,
  세효가 무기하면 어디에 있든 재앙은 피할 수 없다.

- 관이 내괘에 있으면 집에 있는 것이 불안하고,
  관이 외괘에 있으면 나가는 것이 좋지 않다.

- 손이 신(身)에 있고 세효와 신(身)이 생부되면 달아나는 것이 좋다.

- 일진, 월령 또는 동효가 세효를 형충이나 극해(剋害)하면 도망치지 않는 것이 좋다.
- 일진이 세효를 생합하면 무사하다.

- 관이 동하여 세효가 놓인 신(身)을 형충이나 극해(剋害)하면 잡힌다.
- 세효가 일진에 입묘되거나, 동하여 변효에 입묘되면 후일에 안 좋은 일이 있다.

- 세효가 동효에 입묘되어도 후일에 좋지 않은 일이 생긴다.

- 세효가 공망이 되거나, 응효가 공망이 되거나, 세효와 응효가 같이 공망이 되면 찾아도 못 만난다.

	뢰천대장 ⇐ 천뢰무망		손목(巽木)궁				
현무	財戌	‖	財戌	⚊			
백호	官申	‖	官申	⚊			申월
등사	孫午	⎮	孫午	⎮	命 世		乙卯일
구진	財辰	⎮	財辰	⚍			공망 子丑
주작	兄寅	⎮	兄寅	⚍			
청룡	父子	⎮	父子	⎮	身 應		

어디로 피난을 가야 할까?
- 4개의 효가 동한 난동괘이다.
- 4개의 효가 동하여 모두 변효와 같으니 복음이다.

- 복음은 엎드려 우는 모습이니 불길하다.
- 피난은 용신을 생해주는 방향으로 가는 것이 좋다.
- 나와 손효, 즉 자식은 午火를 생하는 木 방향 동쪽이 좋다.
- 초효의 부모는 월에서 생을 받고 동한 5효의 생을 받으니 괜찮다.
- 그러나 일과 子卯형으로 불편함은 있다.

		천풍구 ⇐ 풍택중부		간토(艮土)궁			
백호		I	官卯	I			
등사		I	父巳	I	命	財子	酉월
구진	父午	I	兄未	⚏	世		癸丑일
주작	孫酉	I	兄丑	⚏		孫申	공망 寅卯
청룡		I	官卯	I	身		
현무	兄丑	II	父巳	⚊	應		

숨을 곳 있을까?

- 부도가 나서 도망가고 싶다.
- 나에 관한 점은 세효가 용신이니 4효에서 동한 未土가 용신이다.
- 未土는 동하여 회두생되고 있고 월에서 휴수되고 일진과 충이 된다.
- 3효가 동하여 巳酉丑 삼합이 되면서 용신을 휴수한다.
- 초효는 동하여 용신을 생하고 있다.
- 숨는 곳은 관과 반대방향이 좋다.
- 관이 동쪽이니 서쪽으로 가면 숨을 곳이 있다.
- 다음 달 戌월이 되면 丑戌未가 되어 도망가도 잡힐 것이다.

행선점(行船占)

- 자기 점은 세효가 용신이고, 대신해서 치는 점은 육친에 따라 용신을 정한다.
- 배(ship)는 부효이고, 선주는 세효이다.

- 세효나 용이 관을 띠거나 세효나 용이 동하여 관으로 변하면, 배 타는 것을 중지하는 것이 좋다.

- 세효나 용신이 공망이나 절태묘(絶胎墓)에 이르면 행선 길에 불안한 일이 생긴다.
- 행선점에 재가 은복되거나 귀혼괘를 만나면 불안하다.

- 부가 왕하고 일진에 있는 동효가 세효를 생합하면 뱃길이 순탄하다.
- 부가 공망, 묘, 절, 형충파(刑沖破)를 만나면 배가 고장날 수 있다.

- 세효가 일진과 합을 이루거나 귀인, 역마, 청룡, 천희신을 만나면 크게 길하다.

월지	1월	2월	3월	4월	5월	6월	7월	8월	9월	10월	11월	12월
천희신	未	午	巳	辰	卯	寅	丑	子	戌	亥	酉	申

- 세효가 辰戌丑未이고 백호, 관 등 흉신을 얻거나,

  또는 백호, 관 등이 辰戌丑未에 있으면서 세효를 충극하면 배에서 병 (病)을 얻는다.

- 응효에 흉살이 있고 동하여 세효를 극하면 해상에서 질병을 얻는다.
- 형이 동하여 용신을 극하면 동향인에게 속임수를 당한다.

- 손이 동하여 용신과 상합하면 음식이 풍족하다.

- 亥子 관이 세효를 극하면 풍랑을 만나고,
- 巳午 관이 세효를 극하면 화재를 만나고,
- 辰戌丑未 관이 세효를 극하면 정박한 곳에서 문제가 생긴다.

- 申酉 관이 세효를 극하면 암초에 주의한다.
- 寅卯 관이 세효를 극하면 배의 고장을 살펴야 한다.

- 감괘에 백호가 寅卯이고 동하면 배가 전복될 수 있다.
- 손괘에 형이 寅卯이고 동하면 배가 전복될 수 있다.

- 용신인 양효가 동하여 음효로 변하면 뱃길이 편안하다.
- 용신인 음효가 동하여 양효로 변하면 뱃길이 불안하다.

- 형이 일진과 같고 동하여 세효를 생합하면 순풍을 만난다.
- 형이 일진과 같고 동하여 세효를 충극하면 광풍을 만난다.

- 형이 세효를 충하고 일진이 세효를 생합하면 바람이 심하고 행선이 불가하다.
- 형이 공망이나 파절(破絕)이 되고 관이 휴수되면 물결이 잔잔하다.

점술 중의 점술!! 육효!!

나이스 육효(下)

1판 1쇄 인쇄 | 2019년 05월 01일
1판 1쇄 발행 | 2019년 05월 10일

지은이 | 맹기옥
펴낸이 | 문해성
펴낸곳 | 상원문화사
주소 | 서울시 은평구 증산로 15길 36(신사동) (03448)
전화 | 02)354-8646 · **팩시밀리** | 02)384-8644
이메일 | mjs1044@naver.com
출판등록 | 1996년 7월 2일 제8-190호

책임편집 | 김영철
표지 및 본문디자인 | 개미집

ISBN 979-11-85179-31-5 (04180)
ISBN 979-11-85179-29-2 (04180)_세트

이 도서의 국립중앙도서관 출판예정도서목록(CIP)은 서지정보유통지원시스템 홈페이지
(http://seoji.nl.go.kr)와 국가자료공동목록시스템(http://www.nl.go.kr/kolisnet)에서 이
용하실 수 있습니다. (CIP제어번호 : CIP2019016936)